Charoses

Bitter Herb

Elijah's Cup

Roasted Egg

Salt Water

Matzo

Parsley

Roasted Shankbone

הגדה של פסח

PASSOVER HAGGADAH

ISBN # 1-880880-00-8

TRANSLATED BY RABBI C. SCHAPIRO

Gurary's Books

4701 NEW UTRECHT AVENUE
BROOKLYN, N.Y. 11219
718-437-9251-52
FAX 718-437-9348

Typesetting by
MENDELSOHN PRESS
(718) 467-1957

"AND YOU SHALL TELL YOUR CHILD..."

The life of the Jewish people is a constant reenaction of the Exodus from Egypt. The Hebrew name for Egypt is Mitzrayim, which means constriction and limitation. The task of every individual Jew is to rise above the limitations and impediments imposed by the obstacles to observance of a real Jewish life. The temptations of worldly pleasures, the difficulties of the diaspora from both within and without, these challenges grip the Jew with a force that can be equalled only by the expression of the strongest resources that dwell deeply within the heart of every Jew.

It is not enough to go out of Egypt. The Torah talks of relating the story - "And you shall tell it to your child . . ." This is the underlying motive for the Hagaddah. We must talk about the Exodus. We must tell our children about the tribulations of the galut night. We must educate them in the Jewish spirit. We must reveal the treasures in their souls, the gifts of survival and victory that have been nurtured by their ancestors, all the way back to the beginning.

Every individual is obligated to remember the redemption, to experience it personally every day. When every man, woman and child has gone out of his personal Egypt, then the entire Jewish community has gone out, and the miracles of the Exodus of old will once again become manifest, even more wondrously than ever, with the coming of the righteous Moshiach.

NEXT YEAR IN JERUSALEM

Bedikat Chametz

סדר בדיקת חמץ

Before we start the search we light
a candle and say the following blessing:

בָּרוּךְ אַתָּה יְהֹוָה אֱלֹהֵינוּ מֶלֶךְ הָעוֹלָם, אֲשֶׁר
קִדְּשָׁנוּ בְּמִצְוֹתָיו, וְצִוָּנוּ עַל בִּעוּר חָמֵץ:

When the person conducting the search has completed searching
the entire house, he should place the chametz in a place where it will
not be taken by children and animals, and make the following declara-
tion to nullify any chametz that may have been overlooked. A person
who does not understand the Aramaic text should make this declara-
tion in English:

כָּל חֲמִירָא וַחֲמִיעָא דְּאִכָּא בִרְשׁוּתִי, דְּלָא חֲמִיתֵּהּ, וּדְלָא
בִעַרְתֵּהּ, וּדְלָא יְדַעְנָא לֵיהּ, לִבָּטֵל וְלֶהֱוֵי הֶפְקֵר כְּעַפְרָא
דְּאַרְעָא:

On the following morning, the chametz collected in the search
and any remaining chametz should be burned. At the Burning of the
Chametz the following declaration nullifying ownership of all cha-
metz should be said:

כָּל חֲמִירָא וַחֲמִיעָא דְּאִכָּא בִרְשׁוּתִי, (דַּחֲזִתֵּהּ וּדְלָא חֲזִתֵּהּ),
דַּחֲמִתֵּהּ וּדְלָא חֲמִתֵּהּ, דְּבִעַרְתֵּהּ וּדְלָא בִעַרְתֵּהּ, לִבָּטֵל
וְלֶהֱוֵי הֶפְקֵר כְּעַפְרָא דְּאַרְעָא:

סדר עירובי תבשילין

בָּרוּךְ אַתָּה יְהֹוָה אֱלֹהֵינוּ מֶלֶךְ הָעוֹלָם, אֲשֶׁר קִדְּשָׁנוּ
בְּמִצְוֹתָיו, וְצִוָּנוּ עַל מִצְוַת עֵרוּב:

בְּדֵין עֵירוּבָא יְהֵא שָׁרֵא לָנָא לַאֲפוּיֵי, וּלְבַשּׁוּלֵי, וּלְאַטְמוּנֵי, וּלְאַדְלוּקֵי שְׁרָגָא,
וּלְמֶעְבַּד כָּל צָרְכָּנָא מִיּוֹמָא טָבָא לְשַׁבַּתָּא, לָנָא וּלְכָל יִשְׂרָאֵל הַדָּרִים
בָּעִיר הַזֹּאת:

Bedikat Chametz - The Search for Chametz

It is customary to hide ten pieces of chametz throughout the house, to be found during the search. These pieces should be wrapped in paper to prevent them from crumbling over the floor.

The search for chametz is carried out by candlelight. It is customary to use a feather and a wooden spoon to whisk up any chametz found and place it in a paper bag.

Before we start the search we light
a candle and say the following blessing:

Blessed are You, God, our Lord, King of the Universe, Who has made us Holy with his Commandments and intstructed that we remove Chometz.

When the person conducting the search has completed searching the entire house, he should place the chametz in a place where it will not be taken by children and animals, and make the following declaration to nullify any chametz that may have been overlooked. A person who does not understand the Aramaic text should make this declaration in English:

May all leaven and leavened products that exist in my possesion that I have not seen, not destroyed, and do not know about, be considered like the dust of the earth.

On the following morning, the chametz collected in the search and any remaining chametz should be burned. At the Burning of the Chametz the following declaration nullifying ownership of all chametz should be said:

May all leaven and leavened products that exist in my possesion that I have not seen, not destroyed, and do not know about, be considered like the dust of the earth.

3

סימני הסדר

1 קַדֵּשׁ Kadesh

2 וּרְחַץ Urchatz

3 כַּרְפַּס Karpas

4 יַחַץ Yachatz

5 מַגִּיד Maggid

6 רָחְצָה Rachtza

7 מוֹצִיא Motzi

8 מַצָּה Matzah

9 מָרוֹר Maror

10 כּוֹרֵךְ Korech

11 שֻׁלְחָן עוֹרֵךְ Shulchan Orech

12 צָפוּן Tzafun

13 בָּרֵךְ Barech

14 הַלֵּל Hallel

15 נִרְצָה: Nirtza

ביצה
Egg

זרוע
Shank bone

מרור
Bitter Herbs

כרפס
Vegetable

חרוסת
Harozet

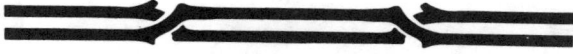

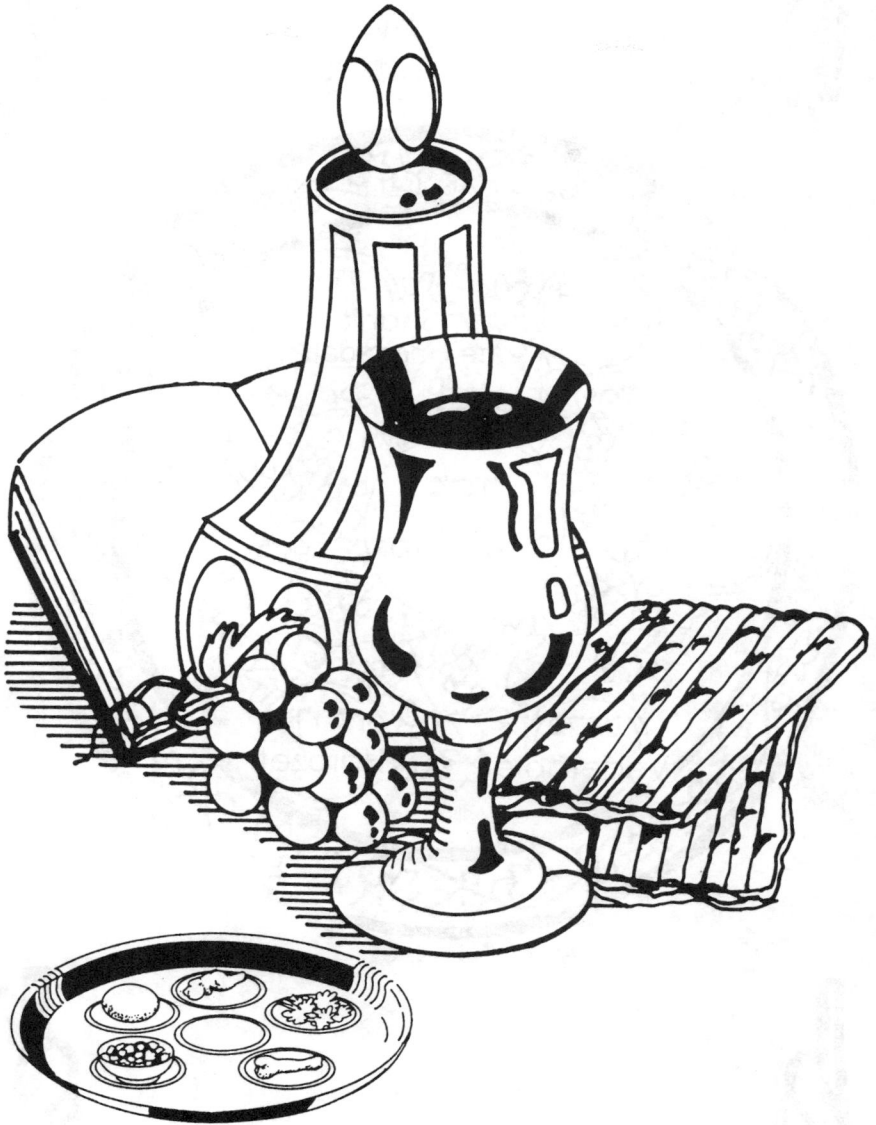

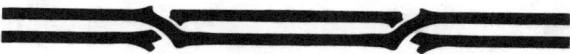

The Order of the Seder Night

1. **Kadesh** - Reciting Kiddush

2. **Urchatz** - Washing the hands

3. **Karpas** - Eating the vegetables dipped in salt water

4. **Yachatz** - Breaking the middle Matzah

5. **Maggid** - Reciting the Haggadah

6. **Rachtza** - Washing of the hands

7. **Motzi** - Reciting the Blessing Hamotzi

8. **Matzah** - Reciting the Blessing Al Achilat Matzah; eating the Matzoh

9. **Maror** - Eating the Bitter Herbs

10. **Korech** - Sandwich - Matzoh and the Bitter Herbs

11. **Shulchan Orech** - Partaking of the Festive Meal

12. **Tzafun** - Eating the Afikomen

13. **Barech** - Reciting Grace

14. **Hallel** - Reciting Hallel, Psalms of Praise

15. **Nirtza** - All is accepted. Seder Concluded

KADESH

קַדֵּשׁ

Each person should have a cup of wine.
On a Sabbath eve, the Kiddush is begun as follows:

וַיְהִי עֶרֶב וַיְהִי בֹקֶר:

יוֹם הַשִּׁשִּׁי: וַיְכֻלּוּ הַשָּׁמַיִם וְהָאָרֶץ וְכָל צְבָאָם:
וַיְכַל אֱלֹהִים בַּיּוֹם הַשְּׁבִיעִי מְלַאכְתּוֹ
אֲשֶׁר עָשָׂה: וַיִּשְׁבֹּת בַּיּוֹם הַשְּׁבִיעִי מִכָּל
מְלַאכְתּוֹ אֲשֶׁר עָשָׂה: וַיְבָרֶךְ אֱלֹהִים אֶת יוֹם
5 הַשְּׁבִיעִי וַיְקַדֵּשׁ אֹתוֹ, כִּי בוֹ שָׁבַת מִכָּל מְלַאכְתּוֹ
אֲשֶׁר בָּרָא אֱלֹהִים לַעֲשׂוֹת:

When Passover falls on a weekday, the Kiddush begins here:
On the Sabbath follow specific instructions.

סַבְרִי מָרָנָן וְרַבָּנָן וְרַבּוֹתַי:

בָּרוּךְ אַתָּה יְהֹוָה אֱלֹהֵינוּ מֶלֶךְ הָעוֹלָם בּוֹרֵא
פְּרִי הַגָּפֶן:

10

בָּרוּךְ אַתָּה יְהֹוָה אֱלֹהֵינוּ מֶלֶךְ הָעוֹלָם אֲשֶׁר
בָּחַר בָּנוּ מִכָּל עָם, וְרוֹמְמָנוּ מִכָּל
לָשׁוֹן, וְקִדְּשָׁנוּ בְּמִצְוֹתָיו, וַתִּתֶּן לָנוּ יְהֹוָה
אֱלֹהֵינוּ בְּאַהֲבָה (לשבת שַׁבָּתוֹת לִמְנוּחָה וּ)מוֹעֲדִים
15 לְשִׂמְחָה, חַגִּים וּזְמַנִּים לְשָׂשׂוֹן (לשבת אֶת יוֹם הַשַּׁבָּת
הַזֶּה וְ)אֶת יוֹם חַג הַמַּצּוֹת הַזֶּה זְמַן חֵרוּתֵנוּ (לשבת
בְּאַהֲבָה) מִקְרָא קֹדֶשׁ, זֵכֶר לִיצִיאַת מִצְרָיִם. כִּי בָנוּ
בָחַרְתָּ וְאוֹתָנוּ קִדַּשְׁתָּ מִכָּל הָעַמִּים (לשבת וְשַׁבָּת)
וּמוֹעֲדֵי קָדְשֶׁךָ (לשבת בְּאַהֲבָה וּבְרָצוֹן) בְּשִׂמְחָה

8

KADESH - Reciting Kiddush

Each person should have a cup of wine.
On a Sabbath eve, the Kiddush is begun as follows

And it was evening, And it was morning the sixth day. Heaven and earth and all their elements were completed. On the seventh day, God completed all the work which He had done, and He rested on the seventh day from all the work He had done. God blessed the seventh day and made it holy, for on it God rested from all His work, which in creating He had done.

When Passover falls on a weekday, the Kiddush begins here:
On the Sabbath follow specific instructions.

Attention, gentlemen, my masters and teachers:

Blessed are You, God, our Lord, King of the universe, the Creator of the fruit of the vine.

Blessed are You, God, our Lord, King of the universe, who has chosen us from among all nations, raised us above all tongues, and sanctified us by His commandments. And You, God, have given us lovingly (on Sabbath: Sabbaths for rest), festivals for rejoicing, holidays and seasons for gladness, (on Sabbath: this Sabbath day and) this day of the Feast of Matzot, the season of our freedom (on Sabbath: in love), a holy assembly commemorating the Exodus from Egypt.

For You have chosen us and sanctified us from among all the nations, (on Sabbath: and the Sabbath) and Your holy festivals (on Sabbath: in love and favor), in gladness and joy, have You granted us as a heritage. Blessed are You, God, who sanctifies (on Sabbath: the Sabbath and) Israel and the festive seasons.

9

וּבְשָׂשׂוֹן הִנְחַלְתָּנוּ. בָּרוּךְ אַתָּה יְהֹוָה, מְקַדֵּשׁ
(לשבת הַשַּׁבָּת וְ)יִשְׂרָאֵל וְהַזְּמַנִּים:

When Passover falls on Saturday night,
the following blessings are added:

בָּרוּךְ אַתָּה יְהֹוָה אֱלֹהֵינוּ מֶלֶךְ הָעוֹלָם, בּוֹרֵא מְאוֹרֵי
הָאֵשׁ:

5 בָּרוּךְ אַתָּה יְהֹוָה אֱלֹהֵינוּ מֶלֶךְ הָעוֹלָם, הַמַּבְדִּיל
בֵּין קֹדֶשׁ לְחוֹל, בֵּין אוֹר לְחֹשֶׁךְ, בֵּין יִשְׂרָאֵל
לָעַמִּים, בֵּין יוֹם הַשְּׁבִיעִי לְשֵׁשֶׁת יְמֵי הַמַּעֲשֶׂה, בֵּין
קְדֻשַּׁת שַׁבָּת לִקְדֻשַּׁת יוֹם טוֹב הִבְדַּלְתָּ, וְאֶת יוֹם
הַשְּׁבִיעִי מִשֵּׁשֶׁת יְמֵי הַמַּעֲשֶׂה קִדַּשְׁתָּ, הִבְדַּלְתָּ
10 וְקִדַּשְׁתָּ אֶת עַמְּךָ יִשְׂרָאֵל בִּקְדֻשָּׁתֶךָ. בָּרוּךְ אַתָּה
יְהֹוָה, הַמַּבְדִּיל בֵּין קֹדֶשׁ לְקֹדֶשׁ:

Regardless of the night on which Passover falls, we continue:

בָּרוּךְ אַתָּה יְהֹוָה אֱלֹהֵינוּ מֶלֶךְ הָעוֹלָם, שֶׁהֶחֱיָנוּ
וְקִיְּמָנוּ וְהִגִּיעָנוּ לַזְּמַן הַזֶּה:

We should drink the wine leaning on our left side.
If possible, the entire cup should be finished.

URCHATZ   וּרְחַץ

Before eating the karpas dipped in salt water, we must wash
our hands in the ritual manner. No blessing is recited.

KARPAS      כַּרְפַּס

We take a vegetable (any vegetable except those used for maror is ac-
ceptable), dip it in saltwater, and recite the following blessing.

בָּרוּךְ אַתָּה יְהֹוָה אֱלֹהֵינוּ מֶלֶךְ הָעוֹלָם,
בּוֹרֵא פְּרִי הָאֲדָמָה:

When Passover falls on Saturday night,
the following blessings are added:

Blessed are You, God, our Lord, King of the universe, who creates the lights of the fire.

Blessed are You, God, our Lord, King of the universe, who distinguishes between sacred and mundane, between light and darkness, between Israel and the nations, between the seventh day and the six days of work. You have made a distinction between the holiness of the Sabbath and the holiness of a festival and have sanctified the seventh day above the six days of work. You have set apart and made holy Your people Israel with Your holiness. Blessed are You, God, who distinguishes between the holy and the holy.

Regardless of the night on which Passover falls, we continue:

Blessed are You, God, our Lord, King of the universe, who has granted us life, sustained us, and enabled us to reach this occasion.

We should drink the wine leaning on our left side.
If possible, the entire cup should be finished.

URCHATZ - Washing the Hands

Before eating the karpas dipped in salt water,we must wash our hands in the ritual manner. No blessing is recited.

KARPAS - Eating a Vegetable Dipped in Saltwater

We take a vegetable (any vegetable except those used for maror is acceptable), dip it in saltwater, and recite the following blessing.

Blessed are You, God, our Lord, King of the universe, the Creator of the fruit of the earth.

YACHATZ

יַחַץ

We break the middle matzah in half. The larger portion is set aside, hidden, to be used as the afikoman. The smaller portion is placed between the two matzot.

MAGGID

מַגִּיד

We lift up the Seder plate and recite the following passage:

הָא לַחְמָא עַנְיָא דִּי אֲכָלוּ אַבְהָתָנָא
בְּאַרְעָא דְמִצְרָיִם. כָּל דִּכְפִין
יֵיתֵי וְיֵיכוֹל, כָּל דִּצְרִיךְ יֵיתֵי וְיִפְסַח.
הָשַׁתָּא הָכָא, לְשָׁנָה הַבָּאָה בְּאַרְעָא
דְיִשְׂרָאֵל. הָשַׁתָּא עַבְדֵי, לְשָׁנָה הַבָּאָה
בְּנֵי חוֹרִין:

מַצָּה

YACHATZ - Breaking the Middle Matzah

We break the middle matzah in half. The larger portion is set aside, hidden, to be used as the afikoman. The smaller portion is placed between the two matzot.

MAGGID - Reciting the Haggadah

We lift up the Seder plate and recite the following passage:

This is the bread of affliction eaten by our ancestors in the land of Egypt. Whoever is hungry, let him come and eat. Whoever is needy, let him come and join in Passover's observance. This year we are here. Next year, may we be in Eretz Yisrael. This year, we are slaves. Next year, may we be free men.

The Seder plate is placed down and the second cup of wine is filled. A child asks the Four Questions.

מַה נִּשְׁתַּנָּה הַלַּיְלָה הַזֶּה מִכָּל הַלֵּילוֹת:

1 שֶׁבְּכָל הַלֵּילוֹת אָנוּ אוֹכְלִין חָמֵץ וּמַצָּה, הַלַּיְלָה הַזֶּה כֻּלּוֹ מַצָּה:

2 שֶׁבְּכָל הַלֵּילוֹת אָנוּ אוֹכְלִין שְׁאָר יְרָקוֹת, הַלַּיְלָה הַזֶּה (כֻּלּוֹ) מָרוֹר:

3 שֶׁבְּכָל הַלֵּילוֹת אֵין אָנוּ מַטְבִּילִין אֲפִילוּ פַּעַם אֶחָת, הַלַּיְלָה הַזֶּה שְׁתֵּי פְעָמִים:

4 שֶׁבְּכָל הַלֵּילוֹת אָנוּ אוֹכְלִין בֵּין יוֹשְׁבִין וּבֵין מְסֻבִּין, הַלַּיְלָה הַזֶּה כֻּלָּנוּ מְסֻבִּין:

The Four Questions

The Seder plate is placed down and the second cup of wine is filled. A child asks the Four Questions.

? ? ? ? ? ?

Why is this night different from all other nights?

1. On all other nights, we eat chametz (leaven) or matzah. On this night, only matzah.

2. On all other nights, we eat any type of vegetables. On this night, we eat maror (bitter herbs).

3. On all other nights, we are not required to dip even once. On this night, we dip twice.

4. On all other nights, we eat either sitting upright or reclining. On this night, we all recline.

The middle matzah is uncovered and the Haggadah
is recited as an answer to the questions:

עֲבָדִים הָיִינוּ לְפַרְעֹה בְּמִצְרָיִם, וַיּוֹצִיאֵנוּ יְיָ
אֱלֹהֵינוּ מִשָּׁם בְּיָד חֲזָקָה וּבִזְרוֹעַ
נְטוּיָה. וְאִלּוּ לֹא הוֹצִיא הַקָּדוֹשׁ בָּרוּךְ הוּא אֶת
אֲבוֹתֵינוּ מִמִּצְרַיִם, הֲרֵי אָנוּ וּבָנֵינוּ וּבְנֵי בָנֵינוּ
5 מְשֻׁעְבָּדִים הָיִינוּ לְפַרְעֹה בְּמִצְרָיִם. וַאֲפִלּוּ כֻּלָּנוּ
חֲכָמִים, כֻּלָּנוּ נְבוֹנִים, כֻּלָּנוּ זְקֵנִים, כֻּלָּנוּ
יוֹדְעִים אֶת הַתּוֹרָה, מִצְוָה עָלֵינוּ לְסַפֵּר בִּיצִיאַת
מִצְרָיִם. וְכָל הַמַּרְבֶּה לְסַפֵּר בִּיצִיאַת מִצְרַיִם
הֲרֵי זֶה מְשֻׁבָּח:

10 מַעֲשֶׂה בְּרַבִּי אֱלִיעֶזֶר וְרַבִּי יְהוֹשֻׁעַ וְרַבִּי אֶלְעָזָר
בֶּן־עֲזַרְיָה וְרַבִּי עֲקִיבָא וְרַבִּי טַרְפוֹן,
שֶׁהָיוּ מְסֻבִּין בִּבְנֵי־בְרַק, וְהָיוּ מְסַפְּרִים בִּיצִיאַת
מִצְרָיִם כָּל אוֹתוֹ הַלַּיְלָה, עַד שֶׁבָּאוּ תַלְמִידֵיהֶם
וְאָמְרוּ לָהֶם רַבּוֹתֵינוּ הִגִּיעַ זְמַן קְרִיאַת שְׁמַע שֶׁל
שַׁחֲרִית: 15

אָמַר רַבִּי אֶלְעָזָר בֶּן־עֲזַרְיָה, הֲרֵי אֲנִי כְּבֶן שִׁבְעִים
שָׁנָה, וְלֹא זָכִיתִי שֶׁתֵּאָמֵר יְצִיאַת מִצְרַיִם
בַּלֵּילוֹת, עַד שֶׁדְּרָשָׁהּ בֶּן זוֹמָא, שֶׁנֶּאֱמַר: לְמַעַן
תִּזְכֹּר אֶת יוֹם צֵאתְךָ מֵאֶרֶץ מִצְרַיִם כֹּל יְמֵי חַיֶּיךָ.
20 יְמֵי חַיֶּיךָ, הַיָּמִים. כֹּל יְמֵי חַיֶּיךָ, הַלֵּילוֹת.
וַחֲכָמִים אוֹמְרִים: יְמֵי חַיֶּיךָ, הָעוֹלָם הַזֶּה. כֹּל
יְמֵי חַיֶּיךָ, לְהָבִיא לִימוֹת הַמָּשִׁיחַ:

The middle matzah is uncovered and the Haggadah is recited as an answer to the questions:

We were slaves to Pharaoh in Egypt, but God, our Lord, brought us out from there with a strong hand and an outstretched arm. Had the Holy One, blessed be He, not taken our ancestors out of Egypt, then we, our children, and our grandchildren, would be enslaved to Pharaoh in Egypt. Therefore, even if we were all wise, all men of understanding, all elders, all well-versed in Torah, we would still be commanded to tell about the Exodus from Egypt. Whoever tells about it at length is worthy to be praised.

Once Rabbi Eliezer, Rabbi Yehoshua, Rabbi Eleazar ben Azaryah, Rabbi Akiva, and Rabbi Tarfon were dining together [at the Seder] in Bnei Brak. They discussed the Exodus from Egypt throughout the entire night until their students came and told them: "Teachers, the time for reciting the Shema in the morning has arrived."

Rabbi Eleazar ben Azaryah said: I am like a seventy year old man. But I had not been able to show that Exodus must be recited at night until ben Zoma interpreted the verse: "In order that you remember the day you left Egypt all the days of your life," as follows: [The phrase] "the days of your life" refers to the days; [adding the word] "all" includes the night. The Sages interpreted [the verse]: "the days of your life" refers to the present world; "all the days of your life" indicates the Messianic era.

בָּרוּךְ הַמָּקוֹם, בָּרוּךְ הוּא. בָּרוּךְ שֶׁנָּתַן תּוֹרָה
לְעַמּוֹ יִשְׂרָאֵל. בָּרוּךְ הוּא:

כְּנֶגֶד אַרְבָּעָה בָּנִים דִּבְּרָה תוֹרָה: אֶחָד חָכָם,
וְאֶחָד רָשָׁע, וְאֶחָד תָּם, וְאֶחָד שֶׁאֵינוֹ
יוֹדֵעַ לִשְׁאוֹל:

5

חָכָם מַה הוּא אוֹמֵר: מָה הָעֵדוֹת וְהַחֻקִּים
וְהַמִּשְׁפָּטִים אֲשֶׁר צִוָּה יְיָ אֱלֹהֵינוּ אֶתְכֶם.
וְאַף אַתָּה אֱמָר לוֹ כְּהִלְכוֹת הַפֶּסַח, אֵין מַפְטִירִין אַחַר
הַפֶּסַח אֲפִיקוֹמָן:

10 רָשָׁע מַה הוּא אוֹמֵר: מָה הָעֲבוֹדָה הַזֹּאת לָכֶם. לָכֶם,
וְלֹא לוֹ. וּלְפִי שֶׁהוֹצִיא אֶת עַצְמוֹ מִן הַכְּלָל
כָּפַר בָּעִקָּר, וְאַף אַתָּה הַקְהֵה אֶת שִׁנָּיו וֶאֱמָר לוֹ:
בַּעֲבוּר זֶה עָשָׂה יְיָ לִי בְּצֵאתִי מִמִּצְרָיִם. לִי, וְלֹא לוֹ. אִלּוּ
הָיָה שָׁם לֹא הָיָה נִגְאָל:

15 תָּם מַה הוּא אוֹמֵר: מַה זֹּאת. וְאָמַרְתָּ אֵלָיו בְּחֹזֶק יָד
הוֹצִיאָנוּ יְיָ מִמִּצְרַיִם מִבֵּית עֲבָדִים:

וְשֶׁאֵינוֹ יוֹדֵעַ לִשְׁאֹל אַתְּ פְּתַח לוֹ, שֶׁנֶּאֱמַר: וְהִגַּדְתָּ
לְבִנְךָ בַּיּוֹם הַהוּא לֵאמֹר בַּעֲבוּר זֶה עָשָׂה
יְיָ לִי בְּצֵאתִי מִמִּצְרָיִם:

18

Blessed be God, blessed be He. Blessed be He who has given His Torah to His nation, Israel; blessed be He.

The Torah speaks of four sons: one wise, one wicked, one simple, and one who does not know how to ask.

The wise son, what does he say? "What are the testimonies, statutes, and laws that God, our Lord, has commanded you?". You should reply to him, (teaching him) the laws of Pesach (until their conclusion): One may not eat any dessert after the Paschal sacrifice.

The wicked son, what does he say? "What is this service to you?" (By saying,) "to you," (he implies) "but not to himself." Since he has excluded himself from our people at large, he denies the foundation of our faith. Therefore, you should blunt out his teeth and tell him: "It is because of this, that God did for me when I went out of Egypt".(By saying) "for me," (you imply) "but not him." Had he been there, he would not have been redeemed.

The simple son, what does he say? "What is this?" You should tell him: "With a strong hand, God brought us out from Egypt, from the house of bondage".

The son who does not know how to ask, you must open him up, as the verse states: "You shall tell your son on that day. It is because of this, what God did for me when I went out of Egypt ".

יָכוֹל מֵרֹאשׁ חֹדֶשׁ, תַּלְמוּד לוֹמַר בַּיּוֹם הַהוּא. אִי בַּיּוֹם הַהוּא יָכוֹל מִבְּעוֹד יוֹם, תַּלְמוּד לוֹמַר בַּעֲבוּר זֶה. בַּעֲבוּר זֶה לֹא אָמַרְתִּי אֶלָּא בְּשָׁעָה שֶׁיֵּשׁ מַצָּה וּמָרוֹר מֻנָּחִים לְפָנֶיךָ:

מִתְּחִלָּה עוֹבְדֵי עֲבוֹדָה זָרָה הָיוּ אֲבוֹתֵינוּ, וְעַכְשָׁיו קֵרְבָנוּ הַמָּקוֹם לַעֲבוֹדָתוֹ, שֶׁנֶּאֱמַר: וַיֹּאמֶר יְהוֹשֻׁעַ אֶל כָּל הָעָם כֹּה אָמַר יְיָ אֱלֹהֵי יִשְׂרָאֵל בְּעֵבֶר הַנָּהָר יָשְׁבוּ אֲבוֹתֵיכֶם מֵעוֹלָם תֶּרַח אֲבִי אַבְרָהָם וַאֲבִי נָחוֹר וַיַּעַבְדוּ אֱלֹהִים אֲחֵרִים. וָאֶקַּח אֶת אֲבִיכֶם אֶת אַבְרָהָם מֵעֵבֶר הַנָּהָר וָאוֹלֵךְ אוֹתוֹ בְּכָל אֶרֶץ כְּנָעַן וָאַרְבֶּה אֶת זַרְעוֹ וָאֶתֶּן לוֹ אֶת יִצְחָק. וָאֶתֵּן לְיִצְחָק אֶת יַעֲקֹב וְאֶת עֵשָׂו, וָאֶתֵּן לְעֵשָׂו אֶת הַר שֵׂעִיר לָרֶשֶׁת אוֹתוֹ וְיַעֲקֹב וּבָנָיו יָרְדוּ מִצְרָיִם:

בָּרוּךְ שׁוֹמֵר הַבְטָחָתוֹ לְיִשְׂרָאֵל, בָּרוּךְ הוּא. שֶׁהַקָּדוֹשׁ בָּרוּךְ הוּא חִשַּׁב אֶת הַקֵּץ לַעֲשׂוֹת, כְּמָה שֶׁאָמַר לְאַבְרָהָם אָבִינוּ בִּבְרִית בֵּין הַבְּתָרִים, שֶׁנֶּאֱמַר: וַיֹּאמֶר לְאַבְרָם יָדֹעַ תֵּדַע כִּי גֵר יִהְיֶה זַרְעֲךָ בְּאֶרֶץ לֹא לָהֶם וַעֲבָדוּם וְעִנּוּ אֹתָם אַרְבַּע מֵאוֹת שָׁנָה. וְגַם אֶת הַגּוֹי אֲשֶׁר יַעֲבֹדוּ דָן אָנֹכִי וְאַחֲרֵי כֵן יֵצְאוּ בִּרְכוּשׁ גָּדוֹל:

We cover the matzah and raise our cups
to recite the following paragraph joyously:

20

Does (the obligation to relate the narrative of Pesach begin) on the first of Nisan? The Torah teaches (ibid.): "(You shall tell your son) on that day," [i.e., on the day of the exodus]. From the phrase "on that day," one might infer "while it is still day." (Hence,) the Torah adds "it is because of this." ("This" refers to symbols of the redemption which we can actually see.) Thus, [the obligation only begins] when matzah and maror are placed before you.

In the beginning, our ancestors worshiped idols, but now God has drawn us close to His service as it is writen "So God, the Lord of Israel, says: `Your ancestors had always lived beyond the [Euphrates] River--Terach, the father of Abraham and Nachor--and they served other Gods." And I took your Patriarch, Abraham, from beyond that river and led him through the land of Canaan. I multiplied his descendants and I gave him Isaac. " To Isaac I gave Jacob and Esau. I gave Mount Seir to Esau as an inheritance and Jacob and his children went down to Egypt."

Blessed be He Who keeps His promise to Israel, blessed be He. The Holy One, blessed be He, calculated the end of (our slavery) in order to fulfill His pledge to Abraham [made] in the covenant bayn habetarim, as it is written, "Know with certainty that your descendants will be strangers in a land that is not their own. (The natives) will enslave them and oppress them for 400 years. But, ultimately, I will execute judgement upon the nation which they shall serve. Afterwards, they shall leave with great wealth."

וְהִיא שֶׁעָמְדָה לַאֲבוֹתֵינוּ וְלָנוּ, שֶׁלֹא אֶחָד בִּלְבָד עָמַד עָלֵינוּ לְכַלּוֹתֵנוּ, אֶלָא שֶׁבְּכָל דּוֹר וָדוֹר עוֹמְדִים עָלֵינוּ לְכַלּוֹתֵנוּ, וְהַקָּדוֹשׁ בָּרוּךְ הוּא מַצִּילֵנוּ מִיָּדָם: 5

We put down our cups and uncover the middle matzah.

צֵא וּלְמַד מַה בִּקֵּשׁ לָבָן הָאֲרַמִּי לַעֲשׂוֹת לְיַעֲקֹב אָבִינוּ, שֶׁפַּרְעֹה לֹא גָזַר אֶלָּא עַל הַזְּכָרִים וְלָבָן בִּקֵּשׁ לַעֲקֹר אֶת הַכֹּל, שֶׁנֶּאֱמַר: אֲרַמִּי אֹבֵד אָבִי וַיֵּרֶד מִצְרַיְמָה וַיָּגָר שָׁם בִּמְתֵי מְעָט וַיְהִי שָׁם לְגוֹי גָּדוֹל עָצוּם וָרָב: וַיֵּרֶד מִצְרַיְמָה, אָנוּס עַל פִּי הַדִּבּוּר. 10

וַיָּגָר שָׁם, מְלַמֵּד שֶׁלֹּא יָרַד יַעֲקֹב אָבִינוּ לְהִשְׁתַּקֵּעַ בְּמִצְרַיִם אֶלָּא לָגוּר שָׁם, שֶׁנֶּאֱמַר: וַיֹּאמְרוּ אֶל פַּרְעֹה לָגוּר בָּאָרֶץ בָּאנוּ כִּי אֵין מִרְעֶה לַצֹּאן אֲשֶׁר לַעֲבָדֶיךָ כִּי כָבֵד הָרָעָב בְּאֶרֶץ כְּנָעַן, וְעַתָּה יֵשְׁבוּ נָא עֲבָדֶיךָ בְּאֶרֶץ גֹּשֶׁן: 15

בִּמְתֵי מְעָט, כְּמָה שֶׁנֶּאֱמַר: בְּשִׁבְעִים נֶפֶשׁ יָרְדוּ אֲבוֹתֶיךָ מִצְרַיְמָה וְעַתָּה שָׂמְךָ יְיָ אֱלֹהֶיךָ כְּכוֹכְבֵי הַשָּׁמַיִם לָרוֹב:

וַיְהִי שָׁם לְגוֹי, מְלַמֵּד שֶׁהָיוּ יִשְׂרָאֵל מְצֻיָּנִים שָׁם:

We cover the matzah and raise our cups
to recite the following paragraph joyously:

This has stood by our ancestors and us. Not one alone has risen up against us to destroy us. Rather, in every generation, they rise against us to annihilate us. The Holy One, blessed be He, however, saves us from their hand.

We put down our cups and uncover the middle matzah.

Go out and learn what did Laban The Aramean attempt to do to our father, Jacob. Pharaoh decreed only against the males, but Laban attempted to uproot everything, as it is written "An Aramean sought to destroy my father. He descended to Egypt and sojourned there with a small number of people. There, he became a nation, great, powerful, and populous."

He descended to Egypt - compelled by [God's] decree. and sojourned there - This teaches that our patriarch, Jacob, did not go down to Egypt with the intention of settling there, but merely to sojourn there, as it is writen "And they (Jacob's sons) told Pharaoh, " We have come to sojourn in this land, for there is no pasture for the flocks of your servants, since there is a severe famine in the land of Canaan. Now, please, let your servants dwell in the land of Canaan."

With a small number of people - as it is written "Your ancestors went down to Egypt with seventy individuals. Now, God has made you as numerous as the stars of the Sky."

There he became a nation - This teaches that Israel became distinct there.

גָּדוֹל עָצוּם, כְּמָה שֶׁנֶּאֱמַר: וּבְנֵי יִשְׂרָאֵל פָּרוּ
וַיִּשְׁרְצוּ וַיִּרְבּוּ וַיַּעַצְמוּ בִּמְאֹד מְאֹד,
וַתִּמָּלֵא הָאָרֶץ אֹתָם:

וָרָב, כְּמָה שֶׁנֶּאֱמַר: רְבָבָה כְּצֶמַח הַשָּׂדֶה נְתַתִּיךְ
וַתִּרְבִּי וַתִּגְדְּלִי וַתָּבֹאִי בַּעֲדִי עֲדָיִים שָׁדַיִם נָכֹנוּ
וּשְׂעָרֵךְ צִמֵּחַ וְאַתְּ עֵרֹם וְעֶרְיָה: וָאֶעֱבֹר עָלַיִךְ וָאֶרְאֵךְ
מִתְבּוֹסֶסֶת בְּדָמָיִךְ וָאֹמַר לָךְ בְּדָמַיִךְ חֲיִי וָאֹמַר לָךְ
בְּדָמַיִךְ חֲיִי:

**וַיָּרֵעוּ אֹתָנוּ הַמִּצְרִים וַיְעַנּוּנוּ וַיִּתְּנוּ
עָלֵינוּ עֲבוֹדָה קָשָׁה:**

וַיָּרֵעוּ אֹתָנוּ הַמִּצְרִים, כְּמָה שֶׁנֶּאֱמַר: הָבָה
נִתְחַכְּמָה לוֹ פֶּן יִרְבֶּה וְהָיָה כִּי תִקְרֶאנָה
מִלְחָמָה וְנוֹסַף גַּם הוּא עַל שֹׂנְאֵינוּ וְנִלְחַם בָּנוּ וְעָלָה
מִן הָאָרֶץ:

וַיְעַנּוּנוּ, כְּמָה שֶׁנֶּאֱמַר: וַיָּשִׂימוּ עָלָיו שָׂרֵי מִסִּים
לְמַעַן עַנֹּתוֹ בְּסִבְלֹתָם וַיִּבֶן עָרֵי מִסְכְּנוֹת
לְפַרְעֹה אֶת פִּתֹם וְאֶת רַעַמְסֵס:

וַיִּתְּנוּ עָלֵינוּ עֲבוֹדָה קָשָׁה. כְּמָה שֶׁנֶּאֱמַר:
וַיַּעֲבִדוּ מִצְרַיִם אֶת בְּנֵי יִשְׂרָאֵל בְּפָרֶךְ:

Great, powerful, - as it is written " the children of Israel were fruitful, became prolific, multiplied, and became very, very powerful. The land became full with them."

And populous - as it is written " I made you as numerous as the plants of the field. You grew and developed, becoming very beautiful, your breasts firm and your hair grown long; but you were naked and bare. I passed over you and saw you weltering in your blood and I said to you, Through your blood, you will live. And I said to you, Through your blood you will live."

And the Egyptians were cruel to us. They made us suffer and imposed harsh slavery upon us.

And the Egyptians were cruel to us, as it is written "Come, let us deal cleverly with them lest they multiply. Then, if there would be a war, they might join our enemies and drive (us) from the land."

They made us suffer - as it is written "They placed taskmasters over them to oppress them with hard labor. And they built Pitom and Ra'amses as storage cities for Pharaoh."

And imposed harsh slavery upon us as it is writen "And the Egyptians made the children of Israel do back-breaking labor."

וַנִּצְעַק אֶל יְיָ אֱלֹהֵי אֲבוֹתֵינוּ וַיִּשְׁמַע יְיָ אֶת קֹלֵנוּ וַיַּרְא אֶת עָנְיֵנוּ וְאֶת עֲמָלֵנוּ וְאֶת לַחֲצֵנוּ:

וַנִּצְעַק אֶל יְיָ אֱלֹהֵי אֲבוֹתֵינוּ, כְּמָה שֶׁנֶּאֱמַר: וַיְהִי בַיָּמִים הָרַבִּים הָהֵם וַיָּמָת מֶלֶךְ מִצְרַיִם וַיֵּאָנְחוּ בְנֵי יִשְׂרָאֵל מִן הָעֲבֹדָה וַיִּזְעָקוּ וַתַּעַל שַׁוְעָתָם אֶל הָאֱלֹהִים מִן הָעֲבוֹדָה:

וַיִּשְׁמַע יְיָ אֶת קוֹלֵנוּ, כְּמָה שֶׁנֶּאֱמַר: וַיִּשְׁמַע אֱלֹהִים אֶת נַאֲקָתָם, וַיִּזְכֹּר אֱלֹהִים אֶת בְּרִיתוֹ אֶת אַבְרָהָם אֶת יִצְחָק וְאֶת יַעֲקֹב:

וַיַּרְא אֶת עָנְיֵנוּ, זוֹ פְּרִישׁוּת דֶּרֶךְ אֶרֶץ. כְּמָה שֶׁנֶּאֱמַר: וַיַּרְא אֱלֹהִים אֶת בְּנֵי יִשְׂרָאֵל וַיֵּדַע אֱלֹהִים:

וְאֶת עֲמָלֵנוּ, אֵלּוּ הַבָּנִים. כְּמָה שֶׁנֶּאֱמַר: כָּל הַבֵּן הַיִּלּוֹד הַיְאֹרָה תַּשְׁלִיכֻהוּ וְכָל הַבַּת תְּחַיּוּן:

וְאֶת לַחֲצֵנוּ, זוֹ הַדְּחַק. כְּמָה שֶׁנֶּאֱמַר: וְגַם רָאִיתִי אֶת הַלַּחַץ אֲשֶׁר מִצְרַיִם לֹחֲצִים אוֹתָם:

וַיּוֹצִאֵנוּ יְיָ מִמִּצְרַיִם בְּיָד חֲזָקָה וּבִזְרֹעַ נְטוּיָה וּבְמוֹרָא גָּדוֹל וּבְאֹתוֹת וּבְמוֹפְתִים:

We cried out to God, the Lord of our fathers, - God heard our voice. He saw our suffering, our difficult labor, and our distress.

We cried out to God, the Lord of our fathers as it is written "After those many days, the king of Egypt died. The children of Israel groaned because of the work. When they cried out because of their slavery, their pleas rose up before God."

God heard our voice, as it is written "God heard our cries and God remembered His covenant with Abraham, Isaac, and Jacob."

He saw our suffering, - This refers to the disruption of family life; as it is written "God saw the children of Israel and God took note."

Our difficult labor, - This refers to the children as it is written "Every boy who is born must be cast into the river, but every girl shall be allowed to live."

And our distress - this refers to the oppression [applied by the Egyptians] as it is written "I have also seen the oppression which the Egyptians are applying to them."

God brought us out of Egypt with a mighty hand, with an outstretched arm, with great visions, signs and wonders.

וַיּוֹצִיאֵנוּ יְיָ מִמִּצְרַיִם, לֹא עַל יְדֵי מַלְאָךְ
וְלֹא עַל יְדֵי שָׂרָף וְלֹא עַל יְדֵי שָׁלִיחַ, אֶלָּא
הַקָּדוֹשׁ בָּרוּךְ הוּא בִּכְבוֹדוֹ וּבְעַצְמוֹ, שֶׁנֶּאֱמַר: וְעָבַרְתִּי
בְאֶרֶץ מִצְרַיִם בַּלַּיְלָה הַזֶּה וְהִכֵּיתִי כָל בְּכוֹר בְּאֶרֶץ
5 מִצְרַיִם מֵאָדָם וְעַד בְּהֵמָה, וּבְכָל אֱלֹהֵי מִצְרַיִם אֶעֱשֶׂה
שְׁפָטִים אֲנִי יְיָ:

וְעָבַרְתִּי בְאֶרֶץ מִצְרַיִם בַּלַּיְלָה הַזֶּה, אֲנִי וְלֹא
מַלְאָךְ. וְהִכֵּיתִי כָל בְּכוֹר בְּאֶרֶץ
מִצְרַיִם, אֲנִי וְלֹא שָׂרָף. וּבְכָל אֱלֹהֵי מִצְרַיִם
10 אֶעֱשֶׂה שְׁפָטִים, אֲנִי וְלֹא הַשָּׁלִיחַ. אֲנִי יְיָ, אֲנִי
הוּא וְלֹא אַחֵר:

בְּיָד חֲזָקָה, זוֹ הַדֶּבֶר. כְּמָה שֶׁנֶּאֱמַר: הִנֵּה יַד יְיָ הוֹיָה
בְּמִקְנְךָ אֲשֶׁר בַּשָּׂדֶה בַּסּוּסִים בַּחֲמֹרִים בַּגְּמַלִּים
בַּבָּקָר וּבַצֹּאן דֶּבֶר כָּבֵד מְאֹד:

15 וּבִזְרֹעַ נְטוּיָה, זוֹ הַחֶרֶב. כְּמָה שֶׁנֶּאֱמַר: וְחַרְבּוֹ
שְׁלוּפָה בְּיָדוֹ נְטוּיָה עַל יְרוּשָׁלָיִם:

וּבְמוֹרָא גָּדוֹל, זוֹ גִּלּוּי שְׁכִינָה. כְּמָה שֶׁנֶּאֱמַר: אוֹ
הֲנִסָּה אֱלֹהִים לָבוֹא לָקַחַת לוֹ גוֹי מִקֶּרֶב
גּוֹי בְּמַסֹּת בְּאֹתֹת וּבְמוֹפְתִים וּבְמִלְחָמָה וּבְיָד חֲזָקָה
20 וּבִזְרוֹעַ נְטוּיָה וּבְמוֹרָאִים גְּדֹלִים כְּכֹל אֲשֶׁר עָשָׂה לָכֶם
יְיָ אֱלֹהֵיכֶם בְּמִצְרַיִם לְעֵינֶיךָ:

God brought us out of Egypt - without using an angel, without using an archangel a seraph, without using any agent. Rather, [it was] the Holy One, blessed be He; He, Himself, in His glory, as it is written "I will pass through the land of Egypt on that night and I will slay every firstborn in the land of Egypt, from man to beast. I will execute judgements against all the gods of Egypt. I, God."

" On that night I will pass through the land of Egypt," - I and not an angel; "I will slay every firstborn," - I and not a archangel; "I will execute judgements against all the gods of Egypt," - I and not an agent; "I am God," - It is I and none other.

With a mighty hand - This refers to the Plaques, as it is written "Behold, the hand of God will be against your cattle in the field, against the horses, the donkeys and camels, the oxen and the sheep, with a very severe plague."

With an outstretched arm - This refers to the sword, as it is written "His drawn sword is in his hand, stretched out over Jerusalem."

With great fear - This is the revelation of the Divine Presence, as as it is written "Has God ever performed miracles, coming to take one nation out of the midst of another nation with miracles, signs, wonders, war, a mighty hand and an outstretched arm, and with terrifying events, as God did for you in Egypt before your very eyes?"

וּבְאֹתוֹת, זֶה הַמַּטֶּה. כְּמָה שֶׁנֶּאֱמַר: וְאֶת הַמַּטֶּה הַזֶּה תִּקַּח בְּיָדֶךָ אֲשֶׁר תַּעֲשֶׂה בּוֹ אֶת הָאֹתוֹת:

וּבְמוֹפְתִים, זֶה הַדָּם. כְּמָה שֶׁנֶּאֱמַר: וְנָתַתִּי מוֹפְתִים בַּשָּׁמַיִם וּבָאָרֶץ

When reciting each of the following three words, we customarily pour out a small amount of wine from our cups.

דָּם   וָאֵשׁ   וְתִמְרוֹת   עָשָׁן:

5   דָּבָר אַחֵר: בְּיָד חֲזָקָה, שְׁתַּיִם. וּבִזְרוֹעַ נְטוּיָה, שְׁתַּיִם. וּבְמוֹרָא גָּדוֹל, שְׁתַּיִם. וּבְאֹתוֹת, שְׁתַּיִם. וּבְמוֹפְתִים, שְׁתַּיִם. אֵלוּ עֶשֶׂר מַכּוֹת שֶׁהֵבִיא הַקָּדוֹשׁ בָּרוּךְ הוּא עַל הַמִּצְרִים בְּמִצְרַיִם,

Signs - This refers to the staff, as it is writen "Take this staff in your hand, with which you will perform the signs."

And wonders - This refers to the blood, as it is writen "I will reveal wonders in heaven and earth."

When reciting each of the following three words, we customarily pour out a small amount of wine from our cups.

BLOOD   **FIRE**

COLUMNS OF SMOKE

Another interpretation of the above verse: Each phrase is associated with two plagues:

with a mighty hand: two;

with an outstretched arm: two;

with great visions: two;

signs: two;

and wonders: two.

These are the ten plagues which the Holy One, blessed be He, brought upon the Egyptians in Egypt:

וְאֵלּוּ הֵן:

דָּם צְפַרְדֵּעַ כִּנִּים

עָרוֹב דֶּבֶר שְׁחִין

בָּרָד אַרְבֶּה חֹשֶׁךְ:

מַכַּת בְּכוֹרוֹת

After each plague, and similarly, after each of the following abbreviations, another drop of wine is poured out.

רַבִּי יְהוּדָה הָיָה נוֹתֵן בָּהֶם סִמָּנִים:

דְּצַ״ךְ עֲדַ״שׁ בְּאַחַ״ב:

The cups are refilled.

And they are.

Blood   Frogs   Lice

Wild Beasts   Cattle Plague

Boils   Hail   Locusts

Darkness

Slaying of the First-born

After each plague, and similarly, after each of the
following abbreviations, another drop of wine is poured out.

Rabbi Yehudah coined abbreviations for them:

DETZACH, ADASH, BACHAV.

The cups are refilled.

רַבִּי יוֹסֵי הַגְּלִילִי אוֹמֵר, מִנַּיִן אַתָּה אוֹמֵר שֶׁלָּקוּ
הַמִּצְרִים בְּמִצְרַיִם עֶשֶׂר מַכּוֹת וְעַל הַיָּם לָקוּ חֲמִשִּׁים
מַכּוֹת, בְּמִצְרַיִם מָה הוּא אוֹמֵר: וַיֹּאמְרוּ הַחַרְטֻמִּם אֶל
פַּרְעֹה אֶצְבַּע אֱלֹהִים הִיא, וְעַל הַיָּם מָה הוּא אוֹמֵר:
5 וַיַּרְא יִשְׂרָאֵל אֶת הַיָּד הַגְּדוֹלָה אֲשֶׁר עָשָׂה יְיָ בְּמִצְרַיִם
וַיִּירְאוּ הָעָם אֶת יְיָ וַיַּאֲמִינוּ בַּיְיָ וּבְמֹשֶׁה עַבְדּוֹ. כַּמָּה
לָקוּ בְּאֶצְבַּע, עֶשֶׂר מַכּוֹת. אֱמֹר מֵעַתָּה בְּמִצְרַיִם לָקוּ
עֶשֶׂר מַכּוֹת וְעַל הַיָּם לָקוּ חֲמִשִּׁים מַכּוֹת:

רַבִּי אֱלִיעֶזֶר אוֹמֵר, מִנַּיִן שֶׁכָּל מַכָּה וּמַכָּה שֶׁהֵבִיא
10 הַקָּדוֹשׁ בָּרוּךְ הוּא עַל הַמִּצְרִים בְּמִצְרַיִם הָיְתָה שֶׁל
אַרְבַּע מַכּוֹת, שֶׁנֶּאֱמַר: יְשַׁלַּח בָּם חֲרוֹן אַפּוֹ עֶבְרָה
וָזַעַם וְצָרָה מִשְׁלַחַת מַלְאֲכֵי רָעִים. עֶבְרָה, אַחַת. וָזַעַם,
שְׁתַּיִם. וְצָרָה, שָׁלֹשׁ. מִשְׁלַחַת מַלְאֲכֵי רָעִים, אַרְבַּע.
אֱמֹר מֵעַתָּה בְּמִצְרַיִם לָקוּ אַרְבָּעִים מַכּוֹת וְעַל הַיָּם
לָקוּ מָאתַיִם מַכּוֹת: 15

רַבִּי עֲקִיבָא אוֹמֵר, מִנַּיִן שֶׁכָּל מַכָּה וּמַכָּה שֶׁהֵבִיא
הַקָּדוֹשׁ בָּרוּךְ הוּא עַל הַמִּצְרִים בְּמִצְרַיִם הָיְתָה שֶׁל
חָמֵשׁ מַכּוֹת, שֶׁנֶּאֱמַר: יְשַׁלַּח בָּם חֲרוֹן אַפּוֹ עֶבְרָה וָזַעַם
וְצָרָה מִשְׁלַחַת מַלְאֲכֵי רָעִים. חֲרוֹן אַפּוֹ, אַחַת. עֶבְרָה,
שְׁתַּיִם. וָזַעַם, שָׁלֹשׁ. וְצָרָה, אַרְבַּע. מִשְׁלַחַת מַלְאֲכֵי   20
רָעִים, חָמֵשׁ. אֱמֹר מֵעַתָּה בְּמִצְרַיִם לָקוּ חֲמִשִּׁים מַכּוֹת
וְעַל הַיָּם לָקוּ חֲמִשִּׁים וּמָאתַיִם מַכּוֹת:

Rabbi Yossi the Galilean declared: What is the source which teaches that the Egyptians were struck by ten plagues in Egypt and were struck by fifty plagues at the [Red] Sea? Concerning the plagues of Egypt, the Torah states: "The magicians told Pharaoh: "It is the finger of God." With regard to those at the sea, the Torah states: "When Israel saw the great hand which God wielded against the Egyptians and the people feared God. They believed in God and in Moses, His servant." With how many plagues were they struck by the finger? Ten. Thus, it follows that they were struck by ten plagues in Egypt and fifty at the sea.

Rabbi Eliezer declared: What is the source which teaches that each plague that the Holy One, blessed be He, brought upon the Egyptians consisted of four plagues? As it is written "He unleashed upon them His burning anger: wrath, fury, trouble, and troops of messengers of evil. "Wrath" refers to one plague; "fury," to a second; "trouble," to a third; and "troops of messengers of evil," to a fourth. Thus, we may conclude that they were struck by forty plagues in Egypt and two hundred at the sea.

Rabbi Akiva declared: What is the source which teaches that each plague that the Holy One, blessed be He, wrought against the Egyptians consisted of five plagues? As it is written "He unleashed upon them His burning anger: wrath, fury, trouble, and troops of messengers of evil. " His burning anger" refers to one plague; "wrath," to a second; "fury" to a third; "trouble," to a fourth; and "troops of messengers of evil," to a fifth. Thus, we may conclude that they were struck by fifty plagues in Egypt and two hundred fifty at the sea.

כַּמָּה מַעֲלוֹת טוֹבוֹת לַמָּקוֹם עָלֵינוּ:

אִלּוּ הוֹצִיאָנוּ מִמִּצְרַיִם
וְלֹא עָשָׂה בָהֶם שְׁפָטִים

דַּיֵּנוּ:

אִלּוּ עָשָׂה בָהֶם שְׁפָטִים
וְלֹא עָשָׂה בֵאלֹהֵיהֶם

דַּיֵּנוּ:

אִלּוּ עָשָׂה בֵאלֹהֵיהֶם
וְלֹא הָרַג אֶת בְּכוֹרֵיהֶם

דַּיֵּנוּ:

אִלּוּ הָרַג אֶת בְּכוֹרֵיהֶם
וְלֹא נָתַן לָנוּ אֶת מָמוֹנָם

דַּיֵּנוּ:

אִלּוּ נָתַן לָנוּ אֶת מָמוֹנָם
וְלֹא קָרַע לָנוּ אֶת הַיָּם

דַּיֵּנוּ:

אִלּוּ קָרַע לָנוּ אֶת הַיָּם
וְלֹא הֶעֱבִירָנוּ בְתוֹכוֹ בֶּחָרָבָה

דַּיֵּנוּ:

אִלּוּ הֶעֱבִירָנוּ בְתוֹכוֹ בֶּחָרָבָה
וְלֹא שִׁקַּע צָרֵינוּ בְּתוֹכוֹ

דַּיֵּנוּ:

How many favors has God granted us!

If He had brought us out of Egypt, but did not
    execute judgements upon the Egyptians,

It would have sufficed us.

If He had executed judgements against them,
    but not against their gods,

It would have sufficed us.

If He had executed judgements against their gods,
    but did not slay their first born

It would have sufficed us.

If He had slain their firstborn,
    but did not give us their wealth.

It would have sufficed us.

If He had given us their wealth,
    but did not split the sea for us,

It would have sufficed us.

If He had split the sea for us,
    but did not lead us through on dry land,

It would have sufficed us.

If He had led us through on dry land,
    but did not drown our foes in it,

אִלּוּ שִׁקַּע צָרֵינוּ בְּתוֹכוֹ
וְלֹא סִפֵּק צָרְכֵּנוּ בַּמִּדְבָּר אַרְבָּעִים שָׁנָה

דַּיֵּנוּ :

אִלּוּ סִפֵּק צָרְכֵּנוּ בַּמִּדְבָּר אַרְבָּעִים שָׁנָה
וְלֹא הֶאֱכִילָנוּ אֶת הַמָּן

5

דַּיֵּנוּ :

אִלּוּ הֶאֱכִילָנוּ אֶת הַמָּן
וְלֹא נָתַן לָנוּ אֶת הַשַּׁבָּת

דַּיֵּנוּ :

אִלּוּ נָתַן לָנוּ אֶת הַשַּׁבָּת
וְלֹא קֵרְבָנוּ לִפְנֵי הַר סִינַי

10

דַּיֵּנוּ :

אִלּוּ קֵרְבָנוּ לִפְנֵי הַר סִינַי
וְלֹא נָתַן לָנוּ אֶת הַתּוֹרָה

דַּיֵּנוּ :

15

אִלּוּ נָתַן לָנוּ אֶת הַתּוֹרָה
וְלֹא הִכְנִיסָנוּ לְאֶרֶץ יִשְׂרָאֵל

דַּיֵּנוּ :

אִלּוּ הִכְנִיסָנוּ לְאֶרֶץ יִשְׂרָאֵל
וְלֹא בָנָה לָנוּ אֶת בֵּית הַבְּחִירָה

20

דַּיֵּנוּ :

If He had drowned our foes in it, but did not
provide for our needs in the desert for forty years,

It would have sufficed us.

If He had provided for our needs in the desert
for forty years, but did not feed us the Manna,

It would have sufficed us.

If He had fed us the Manna,
but did not give us the Sabbath,

It would have sufficed us.

If He had given us the Sabbath,
but did not bring us to Mount Sinai,

It would have sufficed us.

If He had brought us to Mount Sinai,
but did not give us the Torah,

It would have sufficed us.

If He had given us the Torah,
but had not brought us into Eretz Yisrael,

It would have sufficed us.

If He had brought us into Eretz Yisrael,
but did not build the Temple for us,

It would have sufficed us.

עַל אַחַת כַּמָּה וְכַמָּה טוֹבָה כְפוּלָה וּמְכֻפֶּלֶת לַמָּקוֹם עָלֵינוּ, שֶׁהוֹצִיאָנוּ מִמִּצְרַיִם, וְעָשָׂה בָהֶם שְׁפָטִים, וְעָשָׂה בֵאלֹהֵיהֶם, וְהָרַג אֶת בְּכוֹרֵיהֶם, וְנָתַן לָנוּ אֶת מָמוֹנָם, וְקָרַע לָנוּ אֶת הַיָּם, וְהֶעֱבִירָנוּ בְתוֹכוֹ בֶּחָרָבָה, וְשִׁקַּע צָרֵינוּ בְּתוֹכוֹ, וְסִפֵּק צָרְכֵּנוּ בַּמִּדְבָּר אַרְבָּעִים שָׁנָה, וְהֶאֱכִילָנוּ אֶת הַמָּן, וְנָתַן לָנוּ אֶת הַשַּׁבָּת, וְקֵרְבָנוּ לִפְנֵי הַר סִינַי, וְנָתַן לָנוּ אֶת הַתּוֹרָה, וְהִכְנִיסָנוּ לְאֶרֶץ יִשְׂרָאֵל, וּבָנָה לָנוּ אֶת בֵּית הַבְּחִירָה, לְכַפֵּר עַל כָּל עֲוֹנוֹתֵינוּ :

רַבָּן גַּמְלִיאֵל הָיָה אוֹמֵר, כָּל שֶׁלֹּא אָמַר שְׁלֹשָׁה דְבָרִים אֵלּוּ בַּפֶּסַח, לֹא יָצָא יְדֵי חוֹבָתוֹ, וְאֵלּוּ הֵן :

פֶּסַח

מַצָּה

וּמָרוֹר

40

How much more so [do we owe thanks] to God for His repeated and manifold favors!

He brought us out of Egypt;

He executed judgements against the Egyptians;

He executed judgements against their gods;

He slew their first born;

He gave us their wealth;

He split the sea for us;

He led us through on dry land;

He drowned our foes in it;

He provided for our needs in the desert for forty years;

He fed us the Manna;

He gave us the Sabbath;

He brought us to Mount Sinai;

He gave us the Torah;

He brought us into Eretz Yisrael;

He built the Temple for us to atone for all our sins.

Rabban Gamliel would say: Whoever does not discuss the following three things on Pesach has not fulfilled his obligation, They are:

Pesach, Paschal sacrifice;

Matzah, Unleavened bread;

Maror, Bitter herbs;

When reciting the following passage,
one should not point to the zeroa (shankbone) on the Seder plate.

פֶּסַח שֶׁהָיוּ אֲבוֹתֵינוּ אוֹכְלִים בִּזְמַן שֶׁבֵּית הַמִּקְדָּשׁ
קַיָּם עַל שׁוּם מָה, עַל שׁוּם שֶׁפָּסַח הַקָּדוֹשׁ בָּרוּךְ
הוּא עַל בָּתֵּי אֲבוֹתֵינוּ בְּמִצְרָיִם, שֶׁנֶּאֱמַר: וַאֲמַרְתֶּם
זֶבַח פֶּסַח הוּא לַיְיָ אֲשֶׁר פָּסַח עַל בָּתֵּי בְּנֵי יִשְׂרָאֵל
5 בְּמִצְרַיִם בְּנָגְפּוֹ אֶת מִצְרַיִם וְאֶת בָּתֵּינוּ הִצִּיל וַיִּקֹּד
הָעָם וַיִּשְׁתַּחֲווּ:

While we recite the following
paragraph, we lift the middle matzah up.

מַצָּה זוֹ שֶׁאָנוּ אוֹכְלִים עַל שׁוּם מָה, עַל שׁוּם
שֶׁלֹּא הִסְפִּיק בְּצֵקָם שֶׁל אֲבוֹתֵינוּ לְהַחֲמִיץ עַד
שֶׁנִּגְלָה עֲלֵיהֶם מֶלֶךְ מַלְכֵי הַמְּלָכִים הַקָּדוֹשׁ
בָּרוּךְ הוּא וּגְאָלָם, שֶׁנֶּאֱמַר: וַיֹּאפוּ אֶת הַבָּצֵק
10 אֲשֶׁר הוֹצִיאוּ מִמִּצְרַיִם עֻגֹת מַצּוֹת כִּי לֹא חָמֵץ
כִּי גֹרְשׁוּ מִמִּצְרַיִם וְלֹא יָכְלוּ לְהִתְמַהְמֵהַּ וְגַם
צֵדָה לֹא עָשׂוּ לָהֶם:

While we recite he following
paragraph, we lift the maror up.

מָרוֹר זֶה שֶׁאָנוּ אוֹכְלִים עַל שׁוּם מָה, עַל שׁוּם
15 שֶׁמֵּרְרוּ הַמִּצְרִים אֶת חַיֵּי אֲבוֹתֵינוּ בְּמִצְרַיִם,
שֶׁנֶּאֱמַר: וַיְמָרְרוּ אֶת חַיֵּיהֶם בַּעֲבוֹדָה קָשָׁה בְּחֹמֶר
וּבִלְבֵנִים וּבְכָל עֲבֹדָה בַּשָּׂדֶה אֵת כָּל עֲבֹדָתָם אֲשֶׁר
עָבְדוּ בָהֶם בְּפָרֶךְ:

42

When reciting the following passage,
one should not point to the zeroa (shankbone) on the Seder plate.

The Paschal sacrifice that our ancestors would eat during the time of the Temple--what is its reason?

Because the Holy One, blessed be He, passed over the houses of our ancestors in Egypt, as it is written "You shall say, "It is a Pesach sacrifice for God because He passed over the houses of the children of Israel in Egypt, striking the Egyptians and saving our homes. The people bowed down and prostrated themselves."

While we recite the following
paragraph, we lift the middle matzah up .

This matzah we eat--what is its reason?

Because the dough of our ancestors did not have time to become leavened before the King of kings, the Holy One, blessed be He, revealed Himself to them and redeemed them, as it is written "They baked matzah cakes from the dough that they had brought out of Egypt, because it had not risen; for they had been driven out of Egypt and could not delay; nor had they prepared any [other] provisions for themselves."

While we recite he following
paragraph, we lift the maror up.

This maror we eat--what is its reason?

Because the Egyptians embittered the lives of our ancestors in Egypt as it is written, "They made the Jews' lives bitter with hard service, with mortar and with bricks, and with all manner of service in the field; their entire service at which they made them slave vigorously.

בְּכָל דּוֹר וָדוֹר חַיָּב אָדָם לִרְאוֹת אֶת עַצְמוֹ כְּאִלּוּ הוּא
יָצָא מִמִּצְרָיִם, שֶׁנֶּאֱמַר: וְהִגַּדְתָּ לְבִנְךָ בַּיּוֹם הַהוּא לֵאמֹר
בַּעֲבוּר זֶה עָשָׂה יְיָ לִי בְּצֵאתִי מִמִּצְרָיִם, לֹא אֶת אֲבוֹתֵינוּ
בִּלְבָד גָּאַל הַקָּדוֹשׁ בָּרוּךְ הוּא אֶלָּא אַף אוֹתָנוּ גָּאַל
5 עִמָּהֶם, שֶׁנֶּאֱמַר: וְאוֹתָנוּ הוֹצִיא מִשָּׁם לְמַעַן הָבִיא אוֹתָנוּ
לָתֶת לָנוּ אֶת הָאָרֶץ אֲשֶׁר נִשְׁבַּע לַאֲבוֹתֵינוּ:

The matzot are covered and the cup is raised.

לְפִיכָךְ אֲנַחְנוּ חַיָּבִים לְהוֹדוֹת לְהַלֵּל
לְשַׁבֵּחַ לְפָאֵר לְרוֹמֵם לְהַדֵּר לְנַצֵּחַ לְבָרֵךְ
לְעַלֵּה וּלְקַלֵּס לְמִי שֶׁעָשָׂה לַאֲבוֹתֵינוּ וְלָנוּ
10 אֶת כָּל הַנִּסִּים הָאֵלּוּ, הוֹצִיאָנוּ מֵעַבְדוּת
לְחֵרוּת, מִיָּגוֹן לְשִׂמְחָה, וּמֵאֵבֶל לְיוֹם טוֹב,
וּמֵאֲפֵלָה לְאוֹר גָּדוֹל, וּמִשִּׁעְבּוּד לִגְאֻלָּה,
וְנֹאמַר לְפָנָיו שִׁירָה חֲדָשָׁה הַלְלוּיָהּ:

The cup is placed down.

הַלְלוּיָהּ הַלְלוּ עַבְדֵי יְיָ, הַלְלוּ אֶת שֵׁם יְיָ: יְהִי שֵׁם יְיָ
15 מְבֹרָךְ מֵעַתָּה וְעַד עוֹלָם: מִמִּזְרַח שֶׁמֶשׁ עַד מְבוֹאוֹ,
מְהֻלָּל שֵׁם יְיָ: רָם עַל כָּל גּוֹיִם יְיָ, עַל הַשָּׁמַיִם כְּבוֹדוֹ: מִי
כַּיְיָ אֱלֹהֵינוּ, הַמַּגְבִּיהִי לָשָׁבֶת: הַמַּשְׁפִּילִי לִרְאוֹת בַּשָּׁמַיִם
וּבָאָרֶץ: מְקִימִי מֵעָפָר דָּל מֵאַשְׁפֹּת יָרִים אֶבְיוֹן: לְהוֹשִׁיבִי
עִם נְדִיבִים, עִם נְדִיבֵי עַמּוֹ: מוֹשִׁיבִי עֲקֶרֶת הַבַּיִת, אֵם
הַבָּנִים שְׂמֵחָה הַלְלוּיָהּ:

20

44

In every generation, a person is obligated to regard himself as if he had gone out of Egypt, as implied in Exodus, "It is because of this, that God did for me when I went out of Egypt." It was not only our ancestors whom the Holy One, blessed be He, redeemed from Egypt; rather, he redeemed us together with them, as implied in Deuteronomy "He brought us out from there, so that He might bring us to the land He promised our fathers, and give it to us."

The matzot are covered and the cup is raised.

Therefore, we are obliged to thank, praise, laud, glorify, exalt, adore, bless, and acclaim the One who did all these miracles for our fathers and for us. He took us out from slavery to freedom, from sorrow to joy, from mourning to festivity, from deep darkness to great light, and from servitude to redemption. Therefore, let us recite a new song before Him: Halleluyah,- praise God!

The cup is placed down.

Halleluyah -praise God! Servants of God - offer praise; praise the name of God. May God's name be blessed from now until eternity. From the rising of the sun until its setting, God's name is praised. God is exalted above all nations; His glory is over the heavens. Who is like God, our Lord, who dwells on high, yet lowers Himself to look down on the heaven and earth. He raises the poor from the dust; He lifts the needy from the trash heap to seat them with nobles, with the nobles of His people. He restores the barren woman to the house, into a joyful mother of children, Halleluyah-praise God!

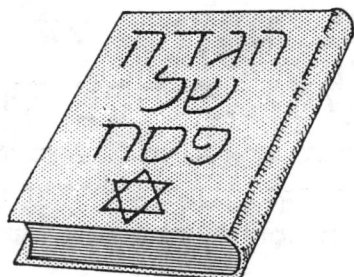

הגדה
של
פסח
✡

בְּצֵאת יִשְׂרָאֵל מִמִּצְרָיִם, בֵּית יַעֲקֹב מֵעַם לֹעֵז: הָיְתָה
יְהוּדָה לְקָדְשׁוֹ יִשְׂרָאֵל מַמְשְׁלוֹתָיו: הַיָּם רָאָה וַיָּנֹס, הַיַּרְדֵּן
יִסֹּב לְאָחוֹר: הֶהָרִים רָקְדוּ כְאֵילִים, גְּבָעוֹת כִּבְנֵי צֹאן:
מַה לְּךָ הַיָּם כִּי תָנוּס, הַיַּרְדֵּן תִּסֹּב לְאָחוֹר: הֶהָרִים
5 תִּרְקְדוּ כְאֵילִים, גְּבָעוֹת כִּבְנֵי צֹאן: מִלִּפְנֵי אָדוֹן חוּלִי
אָרֶץ, מִלִּפְנֵי אֱלוֹהַּ יַעֲקֹב: הַהֹפְכִי הַצּוּר אֲגַם מָיִם,
חַלָּמִישׁ לְמַעְיְנוֹ מָיִם:

This passage is recited while we hold an upraised cup of wine.

בָּרוּךְ אַתָּה יְיָ, אֱלֹהֵינוּ מֶלֶךְ הָעוֹלָם,
אֲשֶׁר גְּאָלָנוּ וְגָאַל אֶת אֲבוֹתֵינוּ
10 מִמִּצְרָיִם, וְהִגִּיעָנוּ הַלַּיְלָה הַזֶּה לֶאֱכָל
בּוֹ מַצָּה וּמָרוֹר, כֵּן יְיָ אֱלֹהֵינוּ וֵאלֹהֵי
אֲבוֹתֵינוּ יַגִּיעֵנוּ לְמוֹעֲדִים וְלִרְגָלִים
אֲחֵרִים הַבָּאִים לִקְרָאתֵנוּ לְשָׁלוֹם,
שְׂמֵחִים בְּבִנְיַן עִירֶךָ וְשָׂשִׂים בַּעֲבוֹדָתֶךָ,
15 וְנֹאכַל שָׁם מִן הַזְּבָחִים וּמִן הַפְּסָחִים
(במוצאי שבת אומרים מִן הַפְּסָחִים וּמִן הַזְּבָחִים) אֲשֶׁר יַגִּיעַ
דָּמָם עַל קִיר מִזְבַּחֲךָ לְרָצוֹן, וְנוֹדֶה לְךָ
שִׁיר חָדָשׁ עַל גְּאֻלָּתֵנוּ וְעַל פְּדוּת
נַפְשֵׁנוּ. בָּרוּךְ אַתָּה יְיָ, גָּאַל יִשְׂרָאֵל:

20 הֲרֵינִי מוּכָן וּמְזֻמָּן לְקַיֵּם מִצְוַת כּוֹס שֵׁנִי שֶׁל אַרְבַּע כּוֹסוֹת, לְשֵׁם יִחוּד קוּדְשָׁא
בְּרִיךְ הוּא וּשְׁכִינְתֵּיהּ עַל יְדֵי הַהוּא טָמִיר וְנֶעְלָם בְּשֵׁם כָּל יִשְׂרָאֵל: וִיהִי נֹעַם יְיָ
אֱלֹהֵינוּ עָלֵינוּ וּמַעֲשֵׂה יָדֵינוּ כּוֹנְנָה עָלֵינוּ וּמַעֲשֵׂה יָדֵינוּ כּוֹנְנֵהוּ:

When Israel went out of Egypt, the House of Jacob from a people of a foreign language, Judah became His holy one, Israel His dominion. The sea saw and fled; the Jordan turned backward. The mountains skipped like rams, the hills like young lambs.

What is with you, O Sea, that you flee? Jordan, [why] do you turn backward? Mountains, why do you skip like rams; hills, [why] like young lambs? [We do so] before the Master, the Creator of the earth, before the God of Jacob; the One who turns the rock into a pool of water, the flint-stone into a stream of water.

This passage is recited while we hold an upraised cup of wine.

Blessed are You, God, our Lord, King of the Universe who redeemed us and redeemed our ancestors from Egypt and has enabled us to reach this night so that we may eat matzah and maror upon it. So too, God, our Lord and Lord of our fathers, enable us to reach other festivals and holidays that will come to us in peace, celebrating in the rebuilding of Your city and rejoicing in Your service. Then, we shall eat of the sacrifices and of the Paschal offerings [when Pesach falls on Saturday night:) of the Paschal offerings and the sacrifices whose blood shall be sprinkled on the wall of Your altar to be graciously accepted. Then, we shall sing a new song for our redemption and for the deliverance of our souls. Blessed are You, God, who redeemed Israel.

After the blessing is recited, we drink the
second cup while reclining on the left side.

בָּרוּךְ אַתָּה יְיָ אֱלֹהֵינוּ מֶלֶךְ הָעוֹלָם, בּוֹרֵא פְּרִי הַגָּפֶן:

RACHTZA — רָחְצָה

The hands are washed in preparation for partaking
of the matzah. The following blessing is recited:

בָּרוּךְ אַתָּה יְהֹוָה אֱלֹהֵינוּ מֶלֶךְ הָעוֹלָם, אֲשֶׁר קִדְּשָׁנוּ בְּמִצְוֹתָיו, וְצִוָּנוּ עַל נְטִילַת יָדָיִם:

MOTZI MATZA — מוֹצִיא מַצָּה

הֲרֵינִי מוּכָן וּמְזֻמָּן לְקַיֵּם מִצְוַת אֲכִילַת מַצָּה לְשֵׁם יִחוּד קוּדְשָׁא בְּרִיךְ הוּא וּשְׁכִינְתֵּהּ עַל יְדֵי הַהוּא טָמִיר וְנֶעְלָם בְּשֵׁם כָּל יִשְׂרָאֵל:

The person leading the Seder picks up the matzot
(the two complete matzot and the broken half
between them). All the participants recite the following blessing:

בָּרוּךְ אַתָּה יְהֹוָה אֱלֹהֵינוּ מֶלֶךְ הָעוֹלָם, הַמּוֹצִיא לֶחֶם מִן הָאָרֶץ:

The person leading the Seder puts down the third
matzah, and all the participants recite the following blessing.

בָּרוּךְ אַתָּה יְהֹוָה אֱלֹהֵינוּ מֶלֶךְ הָעוֹלָם, אֲשֶׁר קִדְּשָׁנוּ בְּמִצְוֹתָיו, וְצִוָּנוּ עַל אֲכִילַת מַצָּה:

Each person should eat a portion
of matzah while reclining on his left side.

*After the blessing is recited, we drink the
second cup while reclining on the left side.*

Blessed are You, God, our Lord, King of the universe,
the Creator of the fruit of the vine.

RACHTZA - The washing of the hands

*The hands are washed in preparation for partaking
of the matzah. The following blessing is recited:*

Blessed are You, God, our Lord, King of the universe,
who has sanctified us with His commandments and commanded us concerning the washing of the hands.

MOTZI MATZA - The recitation of the HaMotzi blessing; the recitation of the blessing for matzah; eating the matzah.

*The person leading the Seder picks up the matzot
(the two complete matzot and the broken half
between them). All the participants recite the following blessing:*

Blessed are You, God, our Lord, King of the universe,
who brings forth bread from the earth.

*The person leading the Seder puts down the third
matzah, and all the participants recite the following blessing.*

Blessed are You, God, our Lord, King of the universe,
who has sanctified us with His commandments and instructed us to eat Matzah.

*Each person should eat a portion
of matzah while reclining on his left side.*

MAROR

מָרוֹר

The person leading the seder takes a portion of marror for himeself and distributes similar portions to all those attending. The maror is dipped into the charoset. The following blessing is recited.

הֲרֵינִי מוּכָן וּמְזֻמָּן לְקַיֵּם מִצְוַת אֲכִילַת מָרוֹר, לְשֵׁם יִחוּד קוּדְשָׁא בְּרִיךְ הוּא
וּשְׁכִינְתֵּהּ עַל יְדֵי הַהוּא טָמִיר וְנֶעְלָם בְּשֵׁם כָּל יִשְׂרָאֵל:

בָּרוּךְ אַתָּה יְהֹוָה אֱלֹהֵינוּ מֶלֶךְ הָעוֹלָם, אֲשֶׁר קִדְּשָׁנוּ
בְּמִצְוֹתָיו, וְצִוָּנוּ עַל אֲכִילַת מָרוֹר:

KORECH

כּוֹרֵךְ

The person leading the Seder takes a portion of maror and dips it into the charoset. Afterwards, he takes a portion from the third matzah and makes a sandwich. A similar sandwich is given to all the participants. Then, the following passage is recited:

5 זֵכֶר לְמִקְדָּשׁ כְּהִלֵּל. כֵּן עָשָׂה הִלֵּל, בִּזְמַן
שֶׁבֵּית הַמִּקְדָּשׁ הָיָה קַיָּם, הָיָה כּוֹרֵךְ
*(פֶּסַח) מַצָּה וּמָרוֹר וְאוֹכֵל בְּיַחַד, לְקַיֵּם
מַה שֶׁנֶּאֱמַר: עַל מַצּוֹת וּמְרוֹרִים יֹאכְלֻהוּ:

SHULCHAN ORECH

שֻׁלְחָן עוֹרֵךְ

In most communities, it is customary to begin the festive meal by eating the egg on the Seder plate after it is dipped in salt water to recall the chaggigah sacrifice offered in the Temple. The shankbone should not be eaten.

MAROR- Eating the maror

The person leading the seder takes a portion of marror for himeself and distributes similar portions to all those attending. The maror is dipped into the charoset. The following blessing is recited.

Blessed are You, God, our Lord, King of the Universe, who has sanctified us with his commandments and commanded us concerning the eating of maror.

KORECH - Eating the sandwich of matzah and maror

The person leading the Seder takes a portion of maror and dips it into the charoset. Afterwards, he takes a portion from the third matzah and makes a sandwich. A similar sandwich is given to all the participants. Then, the following passage is recited:

In remembrance of the Temple, following the custom of Hillel. When the Temple was standing, Hillel would do as follows: He would combine the Paschal sacrifice, matzah, and maror together in a sandwich and eat them together, in order to fulfill the instruction: "They shall eat it with matzot and bitter herbs."

SHULCHAN ORECH - Partaking of the festive meal.

In most communities, it is customary to begin the festive meal by eating the egg on the Seder plate after it is dipped in salt water to recall the chaggigah sacrifice offered in the Temple. The shankbone should not be eaten.

TZAFUN צָפוּן

The person leading the Seder takes a portion from the afikoman, the half of the middle matzah that was hidden away, to commemorate the Paschal sacrifice. A similar portions is given to all the assembled. The afikoman should be eaten while reclining on one's left side without pause or interruption. At the first Seder, the afikoman should be eaten before midnight.

הֲרֵינִי מוּכָן וּמְזֻמָּן לְקַיֵּם מִצְוַת אֲכִילַת אֲפִיקוֹמָן, לְשֵׁם יִחוּד קוּדְשָׁא בְּרִיךְ הוּא וּשְׁכִינְתֵּהּ עַל יְדֵי הַהוּא טָמִיר וְנֶעְלָם בְּשֵׁם כָּל יִשְׂרָאֵל:

BARECH בָּרֵךְ

סדר ברכת המזון

The third cup of wine is poured and the following passage is recited:

שִׁיר הַמַּעֲלוֹת, בְּשׁוּב יְיָ אֶת־שִׁיבַת צִיּוֹן הָיִינוּ כְּחֹלְמִים: אָז יִמָּלֵא שְׂחוֹק
פִּינוּ וּלְשׁוֹנֵנוּ רִנָּה, אָז יֹאמְרוּ בַגּוֹיִם הִגְדִּיל יְיָ לַעֲשׂוֹת עִם אֵלֶּה: הִגְדִּיל יְיָ
לַעֲשׂוֹת עִמָּנוּ, הָיִינוּ שְׂמֵחִים: שׁוּבָה יְיָ אֶת שְׁבִיתֵנוּ כַּאֲפִיקִים בַּנֶּגֶב: הַזֹּרְעִים
בְּדִמְעָה בְּרִנָּה יִקְצֹרוּ: הָלוֹךְ יֵלֵךְ וּבָכֹה נֹשֵׂא מֶשֶׁךְ־הַזָּרַע, בֹּא־יָבֹא בְרִנָּה,
נֹשֵׂא אֲלֻמֹּתָיו:

המזמן אומר: **רַבּוֹתַי נְבָרֵךְ:** (בל״א: מיר ווערין בענטשין):

ועונין המסובין (ואח״כ המברך): **יְהִי שֵׁם יְיָ מְבֹרָךְ מֵעַתָּה וְעַד עוֹלָם:**

המזמן אומר: **בִּרְשׁוּת מָרָנָן וְרַבָּנָן וְרַבּוֹתַי נְבָרֵךְ** (בעשרה **אֱלֹהֵינוּ**) **שֶׁאָכַלְנוּ מִשֶּׁלוֹ:**

ועונין המסובין (ואח״כ המברך): **בָּרוּךְ** (בעשרה **אֱלֹהֵינוּ**) **שֶׁאָכַלְנוּ מִשֶּׁלוֹ וּבְטוּבוֹ חָיִינוּ:**

יחיד אינו אומר **בָּרוּךְ הוּא וּבָרוּךְ שְׁמוֹ:**

TZAFUN - Eating the Afikoman

The person leading the Seder takes a portion from the afikoman, the half of the middle matzah that was hidden away, to commemorate the Paschal sacrifice. A similar portions is given to all the assembled. The afikoman should be eaten while reclining on one's left side without pause or interruption. At the first Seder, the afikoman should be eaten before midnight.

BARECH - The Recitation of Grace

The third cup of wine is poured and the following passage is recited:

A Song of Ascents. When God returns the exiles of Zion, we will be like dreamers. Then, our mouth will be filled with laughter and our tongue with celebration. Then, will they declare among the nations: "God has done great things for them." God has done great things for us, we have rejoiced. God, return our exiles as streams in the desert. Those who sow in tears will reap with joyous song. He goes along weeping, carrying the bag of seed; he will surely come back with joyous celebration, carrying his sheaves .

(Host) Gentlemen, let us say grace.

(Guests): May God's name be blessed from now and forever.

(The Host repeats that response and continues:) With the permission of the masters, teachers, and gentlemen, let us bless Him (if more than ten adult males are present, he substitutes: our Lord) of whose bounty we have eaten.

בָּרוּךְ אַתָּה יְיָ, אֱלֹהֵינוּ מֶלֶךְ הָעוֹלָם, הַזָּן אֶת
הָעוֹלָם כֻּלּוֹ בְּטוּבוֹ, בְּחֵן בְּחֶסֶד וּבְרַחֲמִים, הוּא
נוֹתֵן לֶחֶם לְכָל בָּשָׂר, כִּי לְעוֹלָם חַסְדּוֹ. וּבְטוּבוֹ
הַגָּדוֹל, תָּמִיד לֹא חָסַר לָנוּ וְאַל יֶחְסַר לָנוּ מָזוֹן
5 לְעוֹלָם וָעֶד. בַּעֲבוּר שְׁמוֹ הַגָּדוֹל, כִּי הוּא אֵל זָן
וּמְפַרְנֵס לַכֹּל וּמֵטִיב לַכֹּל, וּמֵכִין מָזוֹן לְכָל
בְּרִיּוֹתָיו אֲשֶׁר בָּרָא: בָּרוּךְ אַתָּה יְיָ, הַזָּן אֶת הַכֹּל:

נוֹדֶה לְךָ, יְיָ אֱלֹהֵינוּ, עַל שֶׁהִנְחַלְתָּ לַאֲבוֹתֵינוּ אֶרֶץ
חֶמְדָּה טוֹבָה וּרְחָבָה, וְעַל שֶׁהוֹצֵאתָנוּ יְיָ אֱלֹהֵינוּ מֵאֶרֶץ
10 מִצְרַיִם, וּפְדִיתָנוּ מִבֵּית עֲבָדִים, וְעַל בְּרִיתְךָ שֶׁחָתַמְתָּ
בִּבְשָׂרֵנוּ, וְעַל תּוֹרָתְךָ שֶׁלִּמַּדְתָּנוּ, וְעַל חֻקֶּיךָ שֶׁהוֹדַעְתָּנוּ,
וְעַל חַיִּים חֵן וָחֶסֶד שֶׁחוֹנַנְתָּנוּ, וְעַל אֲכִילַת מָזוֹן שָׁאַתָּה זָן
וּמְפַרְנֵס אוֹתָנוּ תָּמִיד, בְּכָל יוֹם וּבְכָל עֵת וּבְכָל שָׁעָה:

וְעַל הַכֹּל יְיָ אֱלֹהֵינוּ אֲנַחְנוּ מוֹדִים לָךְ, וּמְבָרְכִים אוֹתָךְ,
15 יִתְבָּרַךְ שִׁמְךָ בְּפִי כָל חַי תָּמִיד לְעוֹלָם וָעֶד. כַּכָּתוּב:
וְאָכַלְתָּ וְשָׂבָעְתָּ וּבֵרַכְתָּ אֶת יְיָ אֱלֹהֶיךָ עַל הָאָרֶץ הַטֹּבָה
אֲשֶׁר נָתַן לָךְ: בָּרוּךְ אַתָּה יְיָ, עַל הָאָרֶץ וְעַל הַמָּזוֹן:

רַחֵם נָא יְיָ אֱלֹהֵינוּ עַל יִשְׂרָאֵל עַמֶּךָ, וְעַל יְרוּשָׁלַיִם עִירֶךָ, וְעַל
צִיּוֹן מִשְׁכַּן כְּבוֹדֶךָ, וְעַל מַלְכוּת בֵּית דָּוִד מְשִׁיחֶךָ, וְעַל הַבַּיִת
20 הַגָּדוֹל וְהַקָּדוֹשׁ שֶׁנִּקְרָא שִׁמְךָ עָלָיו. אֱלֹהֵינוּ, אָבִינוּ, רְעֵנוּ, זוּנֵנוּ,
פַּרְנְסֵנוּ וְכַלְכְּלֵנוּ, וְהַרְוִיחֵנוּ, וְהַרְוַח לָנוּ יְיָ אֱלֹהֵינוּ מְהֵרָה מִכָּל
צָרוֹתֵינוּ. וְנָא אַל תַּצְרִיכֵנוּ יְיָ אֱלֹהֵינוּ, לֹא לִידֵי מַתְּנַת בָּשָׂר וָדָם,

Blessed are You, God, our Lord, King of the Universe who, in His goodness, nourishes the entire world with grace, kindness, and mercy. He gives food to all flesh, for His kindness is eternal. Through His great goodness to us continuously, we do not lack food and may we never lack it for the sake of His great name. Because He is the God who nourishes and sustains all, does good to all, and prepares food for all His creatures which He has created, as stated "You open Your hand and satisfy the desire of every living being." Blessed are You, God, who provides food for all.

We thank You, God, our Lord, because You have given our ancestors as a heritage a precious, good, and spacious land; because You, God, our Lord, brought us out of the land of Egypt and redeemed us from the house of bondage; for Your covenant which You have sealed in our flesh; for Your Torah which You taught us and for Your statutes which You made known to us; for life, grace, and kindness which You have lovingly bestowed upon us; and for the food we eat with which You constantly provide us and sustain us every day, at all times, and at every hour.

For all this, God, our Lord, we thank You and bless You. May Your name be blessed by the mouth of every living being continuously and forever, as stated "When you have eaten and are satisfied, you shall bless God, your Lord, for the good land which He has given you. Blessed are You", God, for the land and for the food.

Have mercy, God, our Lord, on Israel Your people, on Jerusalem Your city, on Zion the dwelling place of Your glory, on the kingdom of the House of David Your anointed, and on the great and holy house upon which Your name is called. Our Lord, our Father: shepherd us, feed us, nourish us, sustain us, and grant us comfort. Speedily, God, our Lord, relieve us from all our afflictions. Please, God, our Lord, do not make us dependent on the gifts of men or on

וְלֹא לִידֵי הַלְוָאָתָם. כִּי אִם לְיָדְךָ הַמְּלֵאָה, הַפְּתוּחָה, הַקְּדוֹשָׁה
וְהָרְחָבָה, שֶׁלֹּא נֵבוֹשׁ וְלֹא נִכָּלֵם לְעוֹלָם וָעֶד:

On Sabbath we say

רְצֵה וְהַחֲלִיצֵנוּ יְיָ אֱלֹהֵינוּ בְּמִצְוֹתֶיךָ וּבְמִצְוַת יוֹם הַשְּׁבִיעִי הַשַּׁבָּת
הַגָּדוֹל וְהַקָּדוֹשׁ הַזֶּה. כִּי יוֹם זֶה גָּדוֹל וְקָדוֹשׁ הוּא לְפָנֶיךָ לִשְׁבָּת־בּוֹ
5 וְלָנוּחַ בּוֹ בְּאַהֲבָה כְּמִצְוַת רְצוֹנֶךָ. וּבִרְצוֹנְךָ הָנִיחַ לָנוּ יְיָ אֱלֹהֵינוּ,
שֶׁלֹּא תְהֵא צָרָה וְיָגוֹן וַאֲנָחָה בְּיוֹם מְנוּחָתֵנוּ. וְהַרְאֵנוּ יְיָ אֱלֹהֵינוּ
בְּנֶחָמַת צִיּוֹן עִירֶךָ, וּבְבִנְיַן יְרוּשָׁלַיִם עִיר קָדְשֶׁךָ, כִּי אַתָּה הוּא בַּעַל
הַיְשׁוּעוֹת וּבַעַל הַנֶּחָמוֹת:

אֱלֹהֵינוּ וֵאלֹהֵי אֲבוֹתֵינוּ, יַעֲלֶה וְיָבוֹא וְיַגִּיעַ, וְיֵרָאֶה
10 וְיֵרָצֶה וְיִשָּׁמַע, וְיִפָּקֵד וְיִזָּכֵר זִכְרוֹנֵנוּ וּפִקְדוֹנֵנוּ,
וְזִכְרוֹן אֲבוֹתֵינוּ, וְזִכְרוֹן מָשִׁיחַ בֶּן דָּוִד עַבְדֶּךָ,
וְזִכְרוֹן יְרוּשָׁלַיִם עִיר קָדְשֶׁךָ, וְזִכְרוֹן כָּל עַמְּךָ בֵּית
יִשְׂרָאֵל, לְפָנֶיךָ, לִפְלֵיטָה לְטוֹבָה, לְחֵן וּלְחֶסֶד
וּלְרַחֲמִים, לְחַיִּים וּלְשָׁלוֹם בְּיוֹם חַג הַמַּצּוֹת הַזֶּה.
15 זָכְרֵנוּ יְיָ אֱלֹהֵינוּ בּוֹ לְטוֹבָה, וּפָקְדֵנוּ בּוֹ לִבְרָכָה,
וְהוֹשִׁיעֵנוּ בּוֹ לְחַיִּים. וּבִדְבַר יְשׁוּעָה וְרַחֲמִים חוּס
וְחָנֵּנוּ, וְרַחֵם עָלֵינוּ וְהוֹשִׁיעֵנוּ, כִּי אֵלֶיךָ עֵינֵינוּ, כִּי
אֵל מֶלֶךְ חַנּוּן וְרַחוּם אָתָּה:

וּבְנֵה יְרוּשָׁלַיִם עִיר הַקֹּדֶשׁ בִּמְהֵרָה
20 בְיָמֵינוּ. בָּרוּךְ אַתָּה יְיָ, בּוֹנֵה בְרַחֲמָיו
יְרוּשָׁלָיִם. אָמֵן:

their loans, but only upon Your full, open, holy, and generous hand, that we may not be shamed or disgraced forever and ever.

On Sabbath we say

May it please You God, our Lord, to strengthen us through Your commandments and through the commandment of the seventh day, this great and holy Sabbath. For this day is great and holy before You, to refrain from work and to rest on it with love, in accordance with the commandment of Your will. May You, God, our Lord, in Your good will grant us tranquility; that there be no distress, grief, or lament on the day of our rest. And show us, God, our Lord, the consolation of Zion, Your city, and the rebuilding of Jerusalem, Your holy city, for You are the Master of all help and the Master of all comfort.

Our God and God of our fathers, may there ascend, come, be reached, be noted, be favored, be heard, be considered, and be remembered before You--our remembrance and notice, the remembrance of our ancestors, the remembrance of the Messiah, the son of David, Your servant, the remembrance of Jerusalem, Your holy city, and the remembrance of Your entire people, the House of Israel, for deliverance, well-being, grace, kindness, mercy, good life, and peace on this day of the festival of matzot. Remember us on this [day], God, our Lord, for good. Notice us on it for blessing. Save us on it for a good life. With the promise of deliverance and mercy, have compassion and be gracious to us, have mercy on us and deliver us, for our eyes are directed to You, for You, God are a gracious and merciful King.

Rebuild Jerusalem, the holy city, speedily in our days. Blessed are You, God, who rebuilds Jerusalem in His mercy. Amen.

בָּרוּךְ אַתָּה יְיָ, אֱלֹהֵינוּ מֶלֶךְ הָעוֹלָם, הָאֵל, אָבִינוּ,
מַלְכֵּנוּ, אַדִּירֵנוּ, בּוֹרְאֵנוּ, גּוֹאֲלֵנוּ, יוֹצְרֵנוּ, קְדוֹשֵׁנוּ קְדוֹשׁ
יַעֲקֹב, רוֹעֵנוּ רוֹעֵה יִשְׂרָאֵל. הַמֶּלֶךְ הַטּוֹב וְהַמֵּטִיב לַכֹּל,
שֶׁבְּכָל יוֹם וָיוֹם הוּא הֵטִיב, הוּא מֵטִיב, הוּא יֵיטִיב לָנוּ.

5 הוּא גְמָלָנוּ, הוּא גוֹמְלֵנוּ, הוּא יִגְמְלֵנוּ לָעַד לְחֵן וּלְחֶסֶד
וּלְרַחֲמִים וּלְרֶוַח, הַצָּלָה וְהַצְלָחָה, בְּרָכָה וִישׁוּעָה, נֶחָמָה,
פַּרְנָסָה וְכַלְכָּלָה, וְרַחֲמִים וְחַיִּים וְשָׁלוֹם וְכָל טוֹב, וּמִכָּל
טוּב לְעוֹלָם אַל יְחַסְּרֵנוּ: הָרַחֲמָן הוּא יִמְלֹךְ עָלֵינוּ לְעוֹלָם
וָעֶד. הָרַחֲמָן הוּא יִתְבָּרַךְ בַּשָּׁמַיִם וּבָאָרֶץ. הָרַחֲמָן הוּא

10 יִשְׁתַּבַּח לְדוֹר דּוֹרִים, וְיִתְפָּאַר בָּנוּ לָעַד וּלְנֵצַח נְצָחִים,
וְיִתְהַדַּר בָּנוּ לָעַד וּלְעוֹלְמֵי עוֹלָמִים. הָרַחֲמָן הוּא יְפַרְנְסֵנוּ
בְּכָבוֹד. הָרַחֲמָן הוּא יִשְׁבֹּר עֻלֵּנוּ מֵעַל צַוָּארֵנוּ וְהוּא
יוֹלִיכֵנוּ קוֹמְמִיּוּת לְאַרְצֵנוּ. הָרַחֲמָן הוּא יִשְׁלַח לָנוּ בְּרָכָה
מְרֻבָּה בַּבַּיִת הַזֶּה וְעַל שֻׁלְחָן זֶה שֶׁאָכַלְנוּ עָלָיו. הָרַחֲמָן

15 הוּא יִשְׁלַח לָנוּ אֶת אֵלִיָּהוּ הַנָּבִיא זָכוּר לַטּוֹב, וִיבַשֶּׂר לָנוּ
בְּשׂוֹרוֹת טוֹבוֹת יְשׁוּעוֹת וְנֶחָמוֹת. הָרַחֲמָן הוּא יְבָרֵךְ (אם יש
לו אב ואם יאמר אֶת (אָבִי מוֹרִי) בַּעַל הַבַּיִת הַזֶּה וְאֶת (אִמִּי מוֹרָתִי)
בַּעֲלַת הַבַּיִת הַזֶּה (אם הוא נשוי יאמר הָרַחֲמָן הוּא יְבָרֵךְ אוֹתִי
וְאִשְׁתִּי וְזַרְעִי וְאֶת כָּל אֲשֶׁר לִי), אוֹתָם וְאֶת בֵּיתָם וְאֶת

20 זַרְעָם וְאֶת כָּל אֲשֶׁר לָהֶם אוֹתָנוּ וְאֶת כָּל אֲשֶׁר לָנוּ, כְּמוֹ
שֶׁנִּתְבָּרְכוּ אֲבוֹתֵינוּ אַבְרָהָם יִצְחָק וְיַעֲקֹב בַּכֹּל, מִכֹּל, כֹּל.
כֵּן יְבָרֵךְ אוֹתָנוּ כֻּלָּנוּ יַחַד בִּבְרָכָה שְׁלֵמָה, וְנֹאמַר אָמֵן:

Blessed are You, God, our Lord, King of the universe, the God who is our Father, our King, our Might, our Creator, our Redeemer, our Maker, our Holy One, the Holy One of Jacob, our Shepherd, the Shepherd of Israel, the King who is good and acts beneficently to all. On each and every day, He has done good for us, He does good for us, and He will do good for us. He has bestowed, He bestows, He will forever bestow upon us grace, kindness, mercy, relief, salvation, success, blessing, help, consolation, sustenance, nourishment, mercy, life, peace, and all good. May He never deprive us of any good forever.

The Merciful One: May He reign over us forever. The Merciful One: May He be blessed on heaven and on earth. The Merciful One: May He be be praised for generation after generation; may He be glorified through us forever; may He be honored through us for eternity. The Merciful One: May He sustain us with honor. The Merciful One: May He break the yoke of exile from our necks and lead us upright to our land. The Merciful One: May He send abundant blessing into this house and on this table from which we have eaten. The Merciful One: May He send us Elijah the prophet, of blessed memory, and may he announce good tidings to us, salvation and consolation. The Merciful One: May He bless (my father and teacher,) the master of this house and (my mother and teacher,) the mistress of this house, them, their household, their children, and all that is theirs; us and all that is ours. Just as He blessed our forefathers, Abraham, Isaac, and Jacob "in all things," "by all things," and with "all things" so may He bless all of us together with a perfect blessing and let us say: Amen.

בַּמָּרוֹם יְלַמְּדוּ עֲלֵיהֶם וְעָלֵינוּ זְכוּת שֶׁתְּהֵא לְמִשְׁמֶרֶת שָׁלוֹם, וְנִשָּׂא בְרָכָה מֵאֵת יְיָ, וּצְדָקָה מֵאֱלֹהֵי יִשְׁעֵנוּ, וְנִמְצָא חֵן וְשֵׂכֶל טוֹב בְּעֵינֵי אֱלֹהִים וְאָדָם:

On Sabbath we say

בשבת: הָרַחֲמָן הוּא יַנְחִילֵנוּ לְיוֹם שֶׁכֻּלּוֹ שַׁבָּת וּמְנוּחָה לְחַיֵּי הָעוֹלָמִים:

הָרַחֲמָן הוּא יַנְחִילֵנוּ לְיוֹם שֶׁכֻּלּוֹ טוֹב. (ויש מוסיפים בשני לילות אלו לְיוֹם שֶׁכֻּלּוֹ אָרוּךְ לְיוֹם שֶׁצַּדִּיקִים יוֹשְׁבִים וְעַטְרוֹתֵיהֶם בְּרָאשֵׁיהֶם וְנֶהֱנִים מִזִּיו הַשְּׁכִינָה וִיהִי חֶלְקֵנוּ עִמָּהֶם):

הָרַחֲמָן הוּא יְזַכֵּנוּ לִימוֹת הַמָּשִׁיחַ וּלְחַיֵּי הָעוֹלָם הַבָּא. מִגְדּוֹל יְשׁוּעוֹת מַלְכּוֹ, וְעֹשֶׂה חֶסֶד לִמְשִׁיחוֹ לְדָוִד וּלְזַרְעוֹ עַד עוֹלָם:

עֹשֶׂה שָׁלוֹם בִּמְרוֹמָיו הוּא יַעֲשֶׂה שָׁלוֹם עָלֵינוּ וְעַל כָּל יִשְׂרָאֵל וְאִמְרוּ אָמֵן:

יְראוּ אֶת יְיָ קְדשָׁיו כִּי אֵין מַחְסוֹר לִירֵאָיו: כְּפִירִים רָשׁוּ וְרָעֵבוּ, וְדֹרְשֵׁי יְיָ לֹא יַחְסְרוּ כָל טוֹב: הוֹדוּ לַייָ כִּי טוֹב, כִּי לְעוֹלָם חַסְדּוֹ: פּוֹתֵחַ אֶת יָדֶךָ, וּמַשְׂבִּיעַ לְכָל חַי רָצוֹן: בָּרוּךְ הַגֶּבֶר אֲשֶׁר יִבְטַח בַּייָ, וְהָיָה יְיָ מִבְטַחוֹ: נַעַר הָיִיתִי גַּם זָקַנְתִּי וְלֹא רָאִיתִי צַדִּיק נֶעֱזָב, וְזַרְעוֹ מְבַקֶּשׁ לָחֶם: יְיָ עֹז לְעַמּוֹ יִתֵּן יְיָ יְבָרֵךְ אֶת עַמּוֹ בַשָּׁלוֹם:

The cup of wine is lifted up and the following blessing is recited:

הֲרֵינִי מוּכָן וּמְזֻמָּן לְקַיֵּם מִצְוַת כּוֹס שְׁלִישִׁי שֶׁל אַרְבַּע כּוֹסוֹת, לְשֵׁם יִחוּד קוּדְשָׁא בְּרִיךְ הוּא וּשְׁכִינְתֵּהּ עַל יְדֵי הַהוּא טָמִיר וְנֶעְלָם בְּשֵׁם כָּל יִשְׂרָאֵל:

וִיהִי נֹעַם יְיָ אֱלֹהֵינוּ עָלֵינוּ וּמַעֲשֵׂה יָדֵינוּ כּוֹנְנָה עָלֵינוּ וּמַעֲשֵׂה יָדֵינוּ כּוֹנְנֵהוּ:

בָּרוּךְ אַתָּה יְהֹוָה אֱלֹהֵינוּ מֶלֶךְ הָעוֹלָם, בּוֹרֵא פְּרִי הַגָּפֶן:

The third cup is drunk while we recline on our left side.

On high, may merit be invoked upon them and upon us to bring a safeguarding of peace. May we receive a blessing from God and justice from the Lord of our salvation. May we find grace and good understanding in the eyes of God and man.

On Sabbath we say

The Merciful One: May He cause us to inherit the day which will be completely Sabbath and rest for eternal life.

The Merciful One: May He cause us to inherit the day which is all good; the everlasting day, the day when the righteous will sit with crowns on their heads, enjoying the radiance of God's Presence. May our portion be among them.

The Merciful One: May He grant us the privilege of reaching the days of the Messiah and the life of the World to Come. He is a tower of salvation for His king and bestows kindness upon His anointed, to David and his children forever).He who makes peace in the heights, may He make peace for us and for all Israel. Let us say: Amen.

Fear God, you, His holy ones, for those who fear Him suffer no want. Young lions are in need and go hungry, but those who seek God will not lack any good. Give thanks to God for He is good, for His kindness is everlasting.You open Your hand and satisfy the desire of every living being . Blessed is the man who trusts in God; God will be His trust. I was young. Now, I have grown old. Never have I seen a righteous man abandoned or his descendants seeking bread. God will give strength to His people. God will bless His people forever and ever.

The cup of wine is lifted up and the following blessing is recited:

Blessed are You, God, our Lord, King of the universe, the Creator of the fruit of the vine.

The third cup is drunk while we recline on our left side.

HALLEL הַלֵּל

The cups are refilled with wine. Also, an additional cup of wine is poured for Elijah the prophet. The door is opened. After the following passage is recited, the door is closed.

שְׁפוֹךְ חֲמָתְךָ אֶל הַגּוֹיִם אֲשֶׁר לֹא יְדָעוּךָ וְעַל מַמְלָכוֹת אֲשֶׁר בְּשִׁמְךָ לֹא קָרָאוּ: כִּי אָכַל אֶת יַעֲקֹב וְאֶת נָוֵהוּ הֵשַׁמּוּ: שְׁפָךְ עֲלֵיהֶם זַעְמֶךָ וַחֲרוֹן אַפְּךָ יַשִּׂיגֵם: תִּרְדּוֹף בְּאַף וְתַשְׁמִידֵם מִתַּחַת שְׁמֵי יְיָ:

לֹא לָנוּ יְיָ לֹא לָנוּ, כִּי לְשִׁמְךָ תֵּן כָּבוֹד, עַל חַסְדְּךָ עַל אֲמִתֶּךָ: לָמָּה יֹאמְרוּ הַגּוֹיִם אַיֵּה נָא אֱלֹהֵיהֶם: וֵאלֹהֵינוּ בַשָּׁמָיִם, כֹּל אֲשֶׁר חָפֵץ עָשָׂה: עֲצַבֵּיהֶם כֶּסֶף וְזָהָב מַעֲשֵׂה יְדֵי אָדָם: פֶּה לָהֶם וְלֹא יְדַבֵּרוּ, עֵינַיִם לָהֶם וְלֹא יִרְאוּ: אָזְנַיִם לָהֶם וְלֹא יִשְׁמָעוּ, אַף לָהֶם וְלֹא יְרִיחוּן: יְדֵיהֶם וְלֹא יְמִישׁוּן, רַגְלֵיהֶם וְלֹא יְהַלֵּכוּ, לֹא יֶהְגּוּ בִּגְרוֹנָם: כְּמוֹהֶם יִהְיוּ עֹשֵׂיהֶם, כֹּל אֲשֶׁר בֹּטֵחַ בָּהֶם: יִשְׂרָאֵל בְּטַח בַּייָ, עֶזְרָם וּמָגִנָּם הוּא: בֵּית אַהֲרֹן בִּטְחוּ בַייָ, עֶזְרָם וּמָגִנָּם הוּא: יִרְאֵי יְיָ בִּטְחוּ בַייָ, עֶזְרָם וּמָגִנָּם הוּא:

יְיָ זְכָרָנוּ יְבָרֵךְ, יְבָרֵךְ אֶת בֵּית יִשְׂרָאֵל, יְבָרֵךְ אֶת בֵּית אַהֲרֹן: יְבָרֵךְ יִרְאֵי יְיָ, הַקְּטַנִּים עִם הַגְּדֹלִים: יֹסֵף יְיָ עֲלֵיכֶם, עֲלֵיכֶם וְעַל בְּנֵיכֶם: בְּרוּכִים אַתֶּם לַייָ, עֹשֵׂה שָׁמַיִם וָאָרֶץ: הַשָּׁמַיִם שָׁמַיִם לַייָ, וְהָאָרֶץ נָתַן לִבְנֵי אָדָם: לֹא הַמֵּתִים יְהַלְלוּ יָהּ, וְלֹא כָּל יֹרְדֵי דוּמָה: וַאֲנַחְנוּ נְבָרֵךְ יָהּ, מֵעַתָּה וְעַד עוֹלָם הַלְלוּיָהּ:

HALLEL - The Recitation of Hallel

Pour out Your wrath upon the nations that do not acknowledge You, and upon the kingdoms that do not call upon Your name, for they have devoured Jacob and destroyed his dwelling. Pour out your anger against them, and let the wrath of Your fury overtake them. Pursue them with anger and destroy them from beneath God's heaven.

Not to us, God, not to us, but to Your name, give glory for Your kindness and Your truth. Why should the nations say, "Where is their God? " Our God is in heaven, all that He wants He does. Their idols are silver and gold, the work of human hands. They have a mouth, but cannot speak; they have eyes, but cannot see. They have ears, but cannot hear; they have a nose, but cannot smell. They have hands, but cannot feel; they have feet, but cannot walk; they make no sounds with their throats. May those who make them be like them, all those who trust in them. Let Israel trust in God, He is their help and shield. Let the House of Aharon trust in God, He is their help and shield. Let the God-fearing trust in God, He is their help and shield.

God, mindful of us, will bless. He will bless the House of Aharon. He will bless those who fear God, the small with the great. May God add to you, to you and to your children. Blessed are you by God, Maker of heaven and earth. The heaven is the heaven of God, but the earth He gave to the sons of man. The dead do not praise God, nor do those who sink down in silence. But we will bless God, now and forever. Halleluyah Praise God!

אָהַבְתִּי כִּי יִשְׁמַע יְיָ אֶת קוֹלִי תַּחֲנוּנָי: כִּי הִטָּה אָזְנוֹ לִי
וּבְיָמַי אֶקְרָא: אֲפָפוּנִי חֶבְלֵי מָוֶת, וּמְצָרֵי שְׁאוֹל מְצָאוּנִי,
צָרָה וְיָגוֹן אֶמְצָא: וּבְשֵׁם יְיָ אֶקְרָא, אָנָּה יְיָ מַלְּטָה נַפְשִׁי:
חַנּוּן יְיָ וְצַדִּיק וֵאלֹהֵינוּ מְרַחֵם: שֹׁמֵר פְּתָאִים יְיָ, דַּלּוֹתִי וְלִי
יְהוֹשִׁיעַ: שׁוּבִי נַפְשִׁי לִמְנוּחָיְכִי, כִּי יְיָ גָּמַל עָלָיְכִי: כִּי
חִלַּצְתָּ נַפְשִׁי מִמָּוֶת, אֶת עֵינִי מִן דִּמְעָה, אֶת רַגְלִי מִדֶּחִי:
אֶתְהַלֵּךְ לִפְנֵי יְיָ, בְּאַרְצוֹת הַחַיִּים: הֶאֱמַנְתִּי כִּי אֲדַבֵּר אֲנִי
עָנִיתִי מְאֹד: אֲנִי אָמַרְתִּי בְחָפְזִי, כָּל הָאָדָם כֹּזֵב:

מָה אָשִׁיב לַיְיָ, כָּל תַּגְמוּלוֹהִי עָלָי: כּוֹס יְשׁוּעוֹת
אֶשָּׂא, וּבְשֵׁם יְיָ אֶקְרָא: נְדָרַי לַיְיָ אֲשַׁלֵּם, נֶגְדָה נָּא
לְכָל עַמּוֹ: יָקָר בְּעֵינֵי יְיָ הַמָּוְתָה לַחֲסִידָיו: אָנָּה יְיָ כִּי
אֲנִי עַבְדֶּךָ, אֲנִי עַבְדְּךָ בֶּן אֲמָתֶךָ, פִּתַּחְתָּ לְמוֹסֵרָי: לְךָ
אֶזְבַּח זֶבַח תּוֹדָה, וּבְשֵׁם יְיָ אֶקְרָא: נְדָרַי לַיְיָ אֲשַׁלֵּם,
נֶגְדָה נָּא לְכָל עַמּוֹ: בְּחַצְרוֹת בֵּית יְיָ, בְּתוֹכֵכִי
יְרוּשָׁלָיִם, הַלְלוּיָהּ:

הַלְלוּ אֶת יְיָ כָּל גּוֹיִם, שַׁבְּחוּהוּ כָּל הָאֻמִּים: כִּי גָבַר
עָלֵינוּ חַסְדּוֹ וֶאֱמֶת יְיָ לְעוֹלָם הַלְלוּיָהּ:

הוֹדוּ לַיְיָ כִּי טוֹב	כִּי לְעוֹלָם חַסְדּוֹ:
יֹאמַר נָא יִשְׂרָאֵל	כִּי לְעוֹלָם חַסְדּוֹ:
יֹאמְרוּ נָא בֵית אַהֲרֹן	כִּי לְעוֹלָם חַסְדּוֹ:
יֹאמְרוּ נָא יִרְאֵי יְיָ	כִּי לְעוֹלָם חַסְדּוֹ:

I love God because He hears my voice, my prayers. Because he has turned His ear to me, I will call [upon Him] all my days. The cords of death encompassed me; the suffering of the grave found me; I found difficulty and sorrow. Therefore, I called upon the name of God: "O God, deliver my soul." God is kind and just; God has mercy. God guards the simple; I was brought low, but He saved me. Return, my soul, to your rest, for God has dealt kindly with you. You delivered my soul from death, my eyes from tears, my feet from stumbling. I will walk before God in the world of the living. I had faith even though I spoke; I suffered so greatly, (that) in my panic I said: "All men are treacherous."

With what can I repay God for all His kindness to me? I will lift up a cup of salvation and call upon the name of God. I will pay my vows to God openly, before all His people. Precious in God's eyes is the death of His pious ones. God, I am Your servant; I am your servant, the son of your maid; You have opened my chains. I will offer You the thanksgiving sacrifice, and will call upon God's name. I will pay my vows to God openly, before all His people. In the courts of God's Temple, in the midst of Jerusalem. Halleluyah - Praise God.

Let all nations praise God; may all the peoples laud Him; For His kindness to us is overpowering, and the truth of God is everlasting. Halleluyah - Praise God

The following verses are recited responsively. The leader begins by reciting: "Thank God..." and the others respond: "Thank God..." Let Israel declare..." The leader recites: "Let Israel declare..." and the others respond: "Thank God... "Let the House of Aharon declare... etc.

Thank God for He is good, His kindness is everlasting.
Thank God for He is good, His kindness is everlasting.
Let Israel declare: His kindness is everlasting.
Thank God for He is good, His kindness is everlasting.
Let the House of Aharon declare: His kindness is everlasting.
Thank God for He is good, His kindness is everlasting.
Let those who fear God declare: His kindness is everlasting.
Thank God for He is good, His kindness is everlasting.

מִן הַמֵּצַר קָרָאתִי יָּה, עָנָנִי בַמֶּרְחָב יָה: יְיָ לִי לֹא אִירָא,
מַה יַּעֲשֶׂה לִי אָדָם: יְיָ לִי בְּעֹזְרָי, וַאֲנִי אֶרְאֶה בְשֹׂנְאָי: טוֹב
לַחֲסוֹת בַּיְיָ, מִבְּטֹחַ בָּאָדָם: טוֹב לַחֲסוֹת בַּיְיָ, מִבְּטֹחַ
בִּנְדִיבִים: כָּל גּוֹיִם סְבָבוּנִי, בְּשֵׁם יְיָ כִּי אֲמִילַם: סַבּוּנִי גַם
5 סְבָבוּנִי, בְּשֵׁם יְיָ כִּי אֲמִילַם: סַבּוּנִי כִדְבֹרִים דֹּעֲכוּ כְּאֵשׁ
קוֹצִים, בְּשֵׁם יְיָ כִּי אֲמִילַם: דָּחֹה דְחִיתַנִי לִנְפֹּל, וַיְיָ עֲזָרָנִי:
עָזִּי וְזִמְרָת יָה, וַיְהִי לִי לִישׁוּעָה: קוֹל רִנָּה וִישׁוּעָה בְּאָהֳלֵי
צַדִּיקִים, יְמִין יְיָ עֹשָׂה חָיִל: יְמִין יְיָ רוֹמֵמָה, יְמִין יְיָ עֹשָׂה
חָיִל: לֹא אָמוּת כִּי אֶחְיֶה, וַאֲסַפֵּר מַעֲשֵׂי יָה: יַסֹּר יִסְּרַנִּי
10 יָּה, וְלַמָּוֶת לֹא נְתָנָנִי: פִּתְחוּ לִי שַׁעֲרֵי צֶדֶק, אָבֹא בָם
אוֹדֶה יָהּ: זֶה הַשַּׁעַר לַיְיָ צַדִּיקִים יָבֹאוּ בוֹ: אוֹדְךָ כִּי
עֲנִיתָנִי, וַתְּהִי לִי לִישׁוּעָה. אוֹדְךָ. אֶבֶן מָאֲסוּ הַבּוֹנִים, הָיְתָה
לְרֹאשׁ פִּנָּה. אבן. מֵאֵת יְיָ הָיְתָה זֹּאת, הִיא נִפְלָאת בְּעֵינֵינוּ.
מאת: זֶה הַיּוֹם עָשָׂה יְיָ, נָגִילָה וְנִשְׂמְחָה בוֹ. זה:

אָנָּא יְיָ הוֹשִׁיעָה נָּא :   אָנָּא יְיָ הוֹשִׁיעָה נָּא :

15

אָנָּא יְיָ הַצְלִיחָה נָּא :   אָנָּא יְיָ הַצְלִיחָה נָּא :

בָּרוּךְ הַבָּא בְּשֵׁם יְיָ, בֵּרַכְנוּכֶם מִבֵּית יְיָ. ברוך. אֵל יְיָ וַיָּאֶר
לָנוּ, אִסְרוּ חַג בַּעֲבֹתִים עַד קַרְנוֹת הַמִּזְבֵּחַ. אל. אֵלִי אַתָּה
וְאוֹדֶךָּ אֱלֹהַי אֲרוֹמְמֶךָּ. אלי. הוֹדוּ לַיְיָ כִּי טוֹב, כִּי לְעוֹלָם
חַסְדּוֹ. הודו:

20

In my narrow straits, I called to God; He answered me in abundance. God is with me, I shall not fear; what can man do to me? God is with me among my helpers, I can confront my enemies. It is better to rely on God than to trust in men. It is better to rely on God than to trust in princes. All the nations surround me; I will cut them down in God's name. They encircle me and surround me; I will cut them down in God's name. They encircle me like bees, but they will be extinguished like the fire of thorns; I will cut them down in God's name. They pushed me over and over again to fall, but God helped me. God is my strength and song, this [He] has become my salvation. The voice of joy and salvation in the tents of the righteous! God's right hand performs deeds of valor. God's right hand is exalted; God's right hand performs deeds of valor. I will not die; I will live and tell of God's deeds. God chastised me repeatedly, but He did not hand me over to death. Open the gates of righteousness for me; I will enter and thank God. This is the gate of God; the righteous shall enter it.

I will thank You for You answered me, and You became my salvation. The stone discarded by the builders has become the main cornerstone. This was indeed from God; it is a wonder in our eyes. This day God has made, we will rejoice and celebrate in Him [on it].

The following four lines are recited responsively.

Please, God, save us!
Please, God, save us!
Please, God, grant us success!
Please, God, grant us success!

Each of the following four verses is repeated.

Blessed be those who come in God's name; we bless you from the House of God.

Almighty is God; He gives us light; bind the feast with myrtle on the horns of the altar.

You are my God and I thank You; My God, I will exalt You;

Thank God for He is good;   His kindness is everlasting.

כִּי לְעוֹלָם חַסְדּוֹ׃	הוֹדוּ לַיָי כִּי טוֹב
כִּי לְעוֹלָם חַסְדּוֹ׃	הוֹדוּ לֵאלֹהֵי הָאֱלֹהִים
כִּי לְעוֹלָם חַסְדּוֹ׃	הוֹדוּ לַאֲדֹנֵי הָאֲדֹנִים
כִּי לְעוֹלָם חַסְדּוֹ׃	לְעֹשֵׂה נִפְלָאוֹת גְּדֹלוֹת לְבַדּוֹ
כִּי לְעוֹלָם חַסְדּוֹ׃	לְעֹשֵׂה הַשָּׁמַיִם בִּתְבוּנָה
כִּי לְעוֹלָם חַסְדּוֹ׃	לְרוֹקַע הָאָרֶץ עַל הַמָּיִם
כִּי לְעוֹלָם חַסְדּוֹ׃	לְעֹשֵׂה אוֹרִים גְּדֹלִים
כִּי לְעוֹלָם חַסְדּוֹ׃	אֶת הַשֶּׁמֶשׁ לְמֶמְשֶׁלֶת בַּיּוֹם
כִּי לְעוֹלָם חַסְדּוֹ׃	אֶת הַיָּרֵחַ וְכוֹכָבִים לְמֶמְשְׁלוֹת בַּלָּיְלָה
כִּי לְעוֹלָם חַסְדּוֹ׃	לְמַכֵּה מִצְרַיִם בִּבְכוֹרֵיהֶם
כִּי לְעוֹלָם חַסְדּוֹ׃	וַיּוֹצֵא יִשְׂרָאֵל מִתּוֹכָם
כִּי לְעוֹלָם חַסְדּוֹ׃	בְּיָד חֲזָקָה וּבִזְרוֹעַ נְטוּיָה
כִּי לְעוֹלָם חַסְדּוֹ׃	לְגֹזֵר יַם סוּף לִגְזָרִים
כִּי לְעוֹלָם חַסְדּוֹ׃	וְהֶעֱבִיר יִשְׂרָאֵל בְּתוֹכוֹ
כִּי לְעוֹלָם חַסְדּוֹ׃	וְנִעֵר פַּרְעֹה וְחֵילוֹ בְיַם סוּף
כִּי לְעוֹלָם חַסְדּוֹ׃	לְמוֹלִיךְ עַמּוֹ בַּמִּדְבָּר
כִּי לְעוֹלָם חַסְדּוֹ׃	לְמַכֵּה מְלָכִים גְּדֹלִים
כִּי לְעוֹלָם חַסְדּוֹ׃	וַיַּהֲרֹג מְלָכִים אַדִּירִים
כִּי לְעוֹלָם חַסְדּוֹ׃	לְסִיחוֹן מֶלֶךְ הָאֱמֹרִי
כִּי לְעוֹלָם חַסְדּוֹ׃	וּלְעוֹג מֶלֶךְ הַבָּשָׁן

Thank God for He is good;
>His kindness is everlasting.
Thank the Lord of lords;
>His kindness is everlasting.
Thank the God of gods;
>His kindness is everlasting.
Who alone works great wonders:
>His kindness is everlasting.
Who makes the heaven with understanding:
>His kindness is everlasting.
Who spreads the land over the waters;
>His kindness is everlasting.
Who makes great lights;
>His kindness is everlasting.
The sun to rule by day;
>His kindness is everlasting.
The moon and the stars to rule by night;
>His kindness is everlasting.
Who struck Egypt through their firstborn;
>His kindness is everlasting.
And delivered Israel from among them;
>His kindness is everlasting.
With a strong hand and outstretched arm;
>His kindness is everlasting.
Who split the Red Sea into sections;
>His kindness is everlasting.
And led Israel through it;
>His kindness is everlasting.
Who cast Pharaoh and his army into the Red Sea;
>His kindness is everlasting.
He led His people in the desert;
>His kindness is everlasting.
He struck down great kings;
>His kindness is everlasting.
And killed mighty rulers;
>His kindness is everlasting.
Sichon, king of the Amorites;
>His kindness is everlasting.
And Og, king of the Bashan;
>His kindness is everlasting.

כִּי לְעוֹלָם חַסְדּוֹ:	וְנָתַן אַרְצָם לְנַחֲלָה
כִּי לְעוֹלָם חַסְדּוֹ:	נַחֲלָה לְיִשְׂרָאֵל עַבְדּוֹ
כִּי לְעוֹלָם חַסְדּוֹ:	שֶׁבְּשִׁפְלֵנוּ זָכַר לָנוּ
כִּי לְעוֹלָם חַסְדּוֹ:	וַיִּפְרְקֵנוּ מִצָּרֵינוּ
כִּי לְעוֹלָם חַסְדּוֹ:	5 נוֹתֵן לֶחֶם לְכָל בָּשָׂר
כִּי לְעוֹלָם חַסְדּוֹ:	הוֹדוּ לְאֵל הַשָּׁמָיִם

נִשְׁמַת כָּל חַי, תְּבָרֵךְ אֶת שִׁמְךָ יְיָ אֱלֹהֵינוּ. וְרוּחַ כָּל בָּשָׂר
תְּפָאֵר וּתְרוֹמֵם זִכְרְךָ מַלְכֵּנוּ תָּמִיד: מִן הָעוֹלָם וְעַד
הָעוֹלָם אַתָּה אֵל, וּמִבַּלְעָדֶיךָ אֵין לָנוּ מֶלֶךְ גּוֹאֵל וּמוֹשִׁיעַ:
10 פּוֹדֶה וּמַצִּיל וּמְפַרְנֵס וּמְרַחֵם, בְּכָל עֵת צָרָה וְצוּקָה, אֵין
לָנוּ מֶלֶךְ אֶלָּא אָתָּה: אֱלֹהֵי הָרִאשׁוֹנִים וְהָאַחֲרוֹנִים,
אֱלוֹהַּ כָּל בְּרִיּוֹת, אֲדוֹן כָּל תּוֹלָדוֹת, הַמְהֻלָּל בְּרֹב
הַתִּשְׁבָּחוֹת, הַמְנַהֵג עוֹלָמוֹ בְּחֶסֶד, וּבְרִיּוֹתָיו בְּרַחֲמִים: וַיְיָ
לֹא יָנוּם וְלֹא יִישָׁן, הַמְעוֹרֵר יְשֵׁנִים וְהַמֵּקִיץ נִרְדָּמִים,
15 הַמֵּשִׂיחַ אִלְּמִים, וּמַתִּיר אֲסוּרִים, וְהַסּוֹמֵךְ נוֹפְלִים,
וְהַזּוֹקֵף כְּפוּפִים: לְךָ לְבַדְּךָ אֲנַחְנוּ מוֹדִים. אִלּוּ פִינוּ מָלֵא
שִׁירָה כַּיָּם, וּלְשׁוֹנֵנוּ רִנָּה כַּהֲמוֹן גַּלָּיו, וְשִׂפְתוֹתֵינוּ שֶׁבַח
כְּמֶרְחֲבֵי רָקִיעַ, וְעֵינֵינוּ מְאִירוֹת כַּשֶּׁמֶשׁ וְכַיָּרֵחַ, וְיָדֵינוּ
פְרוּשׂוֹת כְּנִשְׁרֵי שָׁמָיִם, וְרַגְלֵינוּ קַלּוֹת כָּאַיָּלוֹת: אֵין אֲנַחְנוּ
20 מַסְפִּיקִים לְהוֹדוֹת לְךָ יְיָ אֱלֹהֵינוּ וֵאלֹהֵי אֲבוֹתֵינוּ, וּלְבָרֵךְ
אֶת שְׁמֶךָ עַל אַחַת מֵאֶלֶף אֶלֶף אַלְפֵי אֲלָפִים וְרֻבֵּי רְבָבוֹת
פְּעָמִים, הַטּוֹבוֹת שֶׁעָשִׂיתָ עִם אֲבוֹתֵינוּ וְעִמָּנוּ: מִמִּצְרַיִם
גְּאַלְתָּנוּ יְיָ אֱלֹהֵינוּ, וּמִבֵּית עֲבָדִים פְּדִיתָנוּ, בְּרָעָב זַנְתָּנוּ,
וּבְשָׂבָע כִּלְכַּלְתָּנוּ, מֵחֶרֶב הִצַּלְתָּנוּ, וּמִדֶּבֶר מִלַּטְתָּנוּ,
וּמֵחֳלָיִם רָעִים וְנֶאֱמָנִים דִּלִּיתָנוּ: עַד הֵנָּה עֲזָרוּנוּ רַחֲמֶיךָ,

He gave us their land as a heritage;
      His kindness is everlasting
A heritage for Israel, His servant;
      His kindness is everlasting
When we were low, He remembered us:
      His kindness is everlasting
And saved us from our foes;
      His kindness is everlasting
He gives bread to all flesh;
      His kindness is everlasting
Thank the God of heaven;
      His kindness is everlasting

The soul of every living being shall bless Your name, God, our Lord, and the spirit of all flesh shall always glorify and exalt Your remembrance, our King. From the beginning to the end of the world, You are God. Aside from You, we have no king who redeems and helps; who delivers and saves; who grants our needs and has mercy in all times of difficulty and stress. We have no king other than You. [You are] the God of the first and last; God of all creations, Master of all history, lauded by manifold praise. He controls His world with kindness and His creations with mercy. God is awake. He does not sleep or slumber. He awakens those who sleep, arouses those who slumber. He makes the dumb speak, releases prisoners, supports the fallen, and raises the depressed. To You alone we give thanks. If our mouths were filled with song like the sea and our tongues filled with rejoicing like its many waves; if our lips were filled with praise as broad as the sky and our eyes as bright as the sun and the moon; if our hands were spread out like the eagles of the sky and our feet could run as lightly as deer--it would still not be enough to thank You, God, our Lord, and Lord of our ancestors, or to bless Your name for even one thousandth, one millionth, or one billionth of all the good You have done for our fathers and ourselves. God, our Lord, You delivered us from Egypt and rescued us from the house of bondage. When we were in hunger, you fed us; in plenty, you provided for us. You saved us from the sword, delivered us from the plague and spared us from evil and

71

וְלֹא עֲזָבוּנוּ חֲסָדֶיךָ וְאַל תִּטְּשֵׁנוּ יְיָ אֱלֹהֵינוּ לָנֶצַח: עַל כֵּן
אֵבָרִים שֶׁפִּלַּגְתָּ בָּנוּ, וְרוּחַ וּנְשָׁמָה שֶׁנָּפַחְתָּ בְּאַפֵּינוּ, וְלָשׁוֹן
אֲשֶׁר שַׂמְתָּ בְּפִינוּ, הֵן הֵם יוֹדוּ וִיבָרְכוּ וִישַׁבְּחוּ וִיפָאֲרוּ
וִירוֹמְמוּ וְיַעֲרִיצוּ וְיַקְדִּישׁוּ וְיַמְלִיכוּ אֶת שִׁמְךָ מַלְכֵּנוּ: כִּי
5 כָל פֶּה לְךָ יוֹדֶה, וְכָל לָשׁוֹן לְךָ תִשָּׁבַע, וְכָל בֶּרֶךְ לְךָ
תִכְרַע, וְכָל קוֹמָה לְפָנֶיךָ תִשְׁתַּחֲוֶה: וְכָל לְבָבוֹת יִירָאוּךָ,
וְכָל קֶרֶב וּכְלָיוֹת יְזַמְּרוּ לִשְׁמֶךָ. כַּדָּבָר שֶׁכָּתוּב, כָּל
עַצְמוֹתַי תֹּאמַרְנָה יְיָ מִי כָמוֹךָ, מַצִּיל עָנִי מֵחָזָק מִמֶּנּוּ,
וְעָנִי וְאֶבְיוֹן מִגֹּזְלוֹ: מִי יִדְמֶה לָּךְ וּמִי יִשְׁוֶה לָּךְ וּמִי יַעֲרָךְ
10 לָךְ: הָאֵל הַגָּדוֹל הַגִּבּוֹר וְהַנּוֹרָא, אֵל עֶלְיוֹן קוֹנֵה שָׁמַיִם
וָאָרֶץ: נְהַלֶּלְךָ וּנְשַׁבֵּחֲךָ וּנְפָאֶרְךָ וּנְבָרֵךְ אֶת שֵׁם קָדְשֶׁךָ.
כָּאָמוּר, לְדָוִד בָּרְכִי נַפְשִׁי אֶת יְיָ וְכָל קְרָבַי אֶת שֵׁם קָדְשׁוֹ:
הָאֵל בְּתַעֲצֻמוֹת עֻזֶּךָ, הַגָּדוֹל בִּכְבוֹד שְׁמֶךָ, הַגִּבּוֹר
לָנֶצַח, וְהַנּוֹרָא בְּנוֹרְאוֹתֶיךָ. הַמֶּלֶךְ הַיּוֹשֵׁב עַל כִּסֵּא רָם
15 **וְנִשָּׂא:**

שׁוֹכֵן עַד מָרוֹם וְקָדוֹשׁ שְׁמוֹ. וְכָתוּב רַנְּנוּ צַדִּיקִים בַּיְיָ,
לַיְשָׁרִים נָאוָה תְהִלָּה:
בְּפִי   יְשָׁרִים תִּתְהַלָּל
וּבְדִבְרֵי צַדִּיקִים תִּתְבָּרַךְ
וּבִלְשׁוֹן חֲסִידִים תִּתְרוֹמָם
20 וּבְקֶרֶב קְדוֹשִׁים תִּתְקַדָּשׁ:

serious maladies. Until now, Your mercies have helped us, nor has Your kindness abandoned us. May You, God, our Lord, not forsake us forever. Therefore, the limbs You have arranged within us, the breath and the soul You breathed into our nostrils, the tongue You placed in our mouths--all of them will thank, bless, be grateful, praise, glorify, exalt, adore, sanctify and crown Your name, our King, at all times. Every mouth shall thank you, every tongue shall swear by you, every eye shall look to You, every knee shall bend to You, all who stand shall bow down before You, every heart shall fear You, and every man's innermost parts shall sing to Your name, as it is stated "All my bones shall say: `God, who is like You? the Savior of the poor from those stronger than him, of the poor and needy from those who would rob him." Who resembles You? Who is equal to You? Who can compare to You, the great, mighty, and awesome God? God most high, the Possessor of heaven and earth! We will praise You, laud You, glorify You, and bless Your holy name, as it is stated: "By David. May my soul bless God and may all that is within me bless His holy name." God, in Your overpowering strength, great in the glory of Your name, mighty forever, awesome through Your awesome deeds, the King who sits on a high and lofty throne!

He who dwells for eternity, lofty and holy is His name, and it is stated "Let the righteous rejoice in God. It befits the just to offer praise." By the mouth of the just You are praised, and by the words of the righteous You are blessed. By the tongue of the pious You are exalted, and among the holy You are sanctified.

וּבְמַקְהֲלוֹת רִבְבוֹת עַמְּךָ בֵּית יִשְׂרָאֵל, בְּרִנָּה יִתְפָּאַר שִׁמְךָ מַלְכֵּנוּ בְּכָל דּוֹר וָדוֹר. שֶׁכֵּן חוֹבַת כָּל הַיְצוּרִים, לְפָנֶיךָ יְיָ אֱלֹהֵינוּ וֵאלֹהֵי אֲבוֹתֵינוּ, לְהוֹדוֹת לְהַלֵּל לְשַׁבֵּחַ לְפָאֵר לְרוֹמֵם לְהַדֵּר לְבָרֵךְ לְעַלֵּה וּלְקַלֵּס, עַל כָּל דִּבְרֵי שִׁירוֹת וְתִשְׁבְּחוֹת דָּוִד בֶּן יִשַׁי עַבְדְּךָ מְשִׁיחֶךָ: 5

יִשְׁתַּבַּח שִׁמְךָ לָעַד מַלְכֵּנוּ. הָאֵל, הַמֶּלֶךְ הַגָּדוֹל וְהַקָּדוֹשׁ, בַּשָּׁמַיִם וּבָאָרֶץ. כִּי לְךָ נָאֶה, יְיָ אֱלֹהֵינוּ וֵאלֹהֵי אֲבוֹתֵינוּ, שִׁיר וּשְׁבָחָה, הַלֵּל וְזִמְרָה, עֹז וּמֶמְשָׁלָה נֶצַח, גְּדֻלָּה וּגְבוּרָה, תְּהִלָּה וְתִפְאֶרֶת, קְדֻשָּׁה וּמַלְכוּת. בְּרָכוֹת וְהוֹדָאוֹת, מֵעַתָּה וְעַד עוֹלָם: 10

יְהַלְלוּךָ יְיָ אֱלֹהֵינוּ כָּל מַעֲשֶׂיךָ, וַחֲסִידֶיךָ צַדִּיקִים עוֹשֵׂי רְצוֹנֶךָ, וְכָל עַמְּךָ בֵּית יִשְׂרָאֵל, בְּרִנָּה יוֹדוּ וִיבָרְכוּ וִישַׁבְּחוּ וִיפָאֲרוּ וִישׁוֹרְרוּ וִירוֹמְמוּ וְיַעֲרִיצוּ וְיַקְדִּישׁוּ וְיַמְלִיכוּ אֶת שִׁמְךָ מַלְכֵּנוּ תָּמִיד. כִּי לְךָ טוֹב לְהוֹדוֹת וּלְשִׁמְךָ נָאֶה לְזַמֵּר, כִּי מֵעוֹלָם וְעַד עוֹלָם אַתָּה אֵל: בָּרוּךְ אַתָּה יְיָ, מֶלֶךְ מְהֻלָּל בַּתִּשְׁבָּחוֹת: 15

We drink the fourth cup of wine while reclining on the left side. It is customary to drink the entire cup. No other important beverages should be drunk afterward.

הֲרֵינִי מוּכָן וּמְזֻמָּן לְקַיֵּם מִצְוַת כּוֹס רְבִיעִי שֶׁל אַרְבַּע כּוֹסוֹת, לְשֵׁם יִחוּד קוּדְשָׁא בְּרִיךְ הוּא וּשְׁכִינְתֵּהּ עַל יְדֵי הַהוּא טָמִיר וְנֶעֱלָם בְּשֵׁם כָּל יִשְׂרָאֵל: 20
וִיהִי נֹעַם יְיָ אֱלֹהֵינוּ עָלֵינוּ וּמַעֲשֵׂה יָדֵינוּ כּוֹנְנָה עָלֵינוּ וּמַעֲשֵׂה יָדֵינוּ כּוֹנְנֵהוּ:

בָּרוּךְ אַתָּה יְיָ אֱלֹהֵינוּ מֶלֶךְ הָעוֹלָם, בּוֹרֵא פְּרִי הַגָּפֶן:

74

And in the congregations of the myriads of Your people, the House of Israel, they glorify Your name in song, our King, in every generation. For this is the duty of every creation before You, God, our Lord, and Lord of our fathers, to thank, praise, laud, glorify, exalt, beautify, bless, raise high, and sing praises; even beyond those songs and praises of David, the son of Yishai, Your servant, Your anointed.

Praised be Your name forever, our King, the great and holy King in heaven and earth. These are fitting for You, our Lord and Lord of our fathers: song and praise, laud and psalm, power and dominion, victory, greatness, and might, glory, splendor, holiness, and royalty, blessings and thanks to Your great and holy name. From the highest world to the lowest, You are the Lord.

All Your works shall praise You, God, our Lord. Your pious ones, the righteous who carry out Your will and all Your people, the House of Israel, with joyous song will give thanks, bless, praise, glorify, exalt, revere, sanctify, and crown Your name, our King. For it is good to thank You, and it is pleasant to sing praise to Your name, for from the highest world to the lowest world You are the Lord. Blessed are You, God, King who is extolled in prayer.

We drink the fourth cup of wine while reclining on the left side. It is customary to drink the entire cup. No other important beverages should be drunk afterward.

Blessed are You, God, our Lord, the Creator of the fruit of the vine.

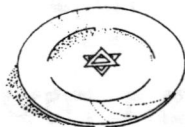

בְּרָכָה אַחֲרוֹנָה

בָּרוּךְ אַתָּה יְיָ אֱלֹהֵינוּ מֶלֶךְ הָעוֹלָם עַל הַגֶּפֶן וְעַל פְּרִי
הַגֶּפֶן, וְעַל תְּנוּבַת הַשָּׂדֶה, וְעַל אֶרֶץ חֶמְדָּה טוֹבָה
וּרְחָבָה, שֶׁרָצִיתָ וְהִנְחַלְתָּ לַאֲבוֹתֵינוּ, לֶאֱכֹל מִפִּרְיָה
וְלִשְׂבּוֹעַ מִטּוּבָה. רַחֵם יְיָ אֱלֹהֵינוּ עַל יִשְׂרָאֵל עַמֶּךָ, וְעַל
5   יְרוּשָׁלַיִם עִירֶךָ, וְעַל צִיּוֹן מִשְׁכַּן כְּבוֹדֶךָ, וְעַל מִזְבְּחֶךָ וְעַל
הֵיכָלֶךָ. וּבְנֵה יְרוּשָׁלַיִם עִיר הַקֹּדֶשׁ בִּמְהֵרָה בְיָמֵינוּ,
וְהַעֲלֵנוּ לְתוֹכָהּ וְשַׂמְּחֵנוּ בְּבִנְיָנָהּ וְנֹאכַל מִפִּרְיָהּ וְנִשְׂבַּע
מִטּוּבָהּ וּנְבָרֶכְךָ עָלֶיהָ בִּקְדֻשָּׁה וּבְטָהֳרָה. (לשבת: וּרְצֵה
וְהַחֲלִיצֵנוּ בְּיוֹם הַשַּׁבָּת הַזֶּה) וְשַׂמְּחֵנוּ בְּיוֹם חַג הַמַּצּוֹת
10   הַזֶּה: כִּי אַתָּה יְיָ טוֹב וּמֵטִיב לַכֹּל וְנוֹדֶה לְּךָ עַל הָאָרֶץ וְעַל
פְּרִי הַגֶּפֶן: בָּרוּךְ אַתָּה יְיָ, עַל הָאָרֶץ וְעַל פְּרִי גַפְנָהּ:
(על יין שאינו מארץ ישראל מסיימים: וְעַל פְּרִי הַגָּפֶן):

If one drank liquids other than wine we say this.

בָּרוּךְ אַתָּה יְיָ אֱלֹהֵינוּ מֶלֶךְ הָעוֹלָם בּוֹרֵא נְפָשׁוֹת רַבּוֹת וְחֶסְרוֹנָן עַל כָּל
מַה שֶּׁבָּרָאתָ לְהַחֲיוֹת בָּהֶם נֶפֶשׁ כָּל חָי. בָּרוּךְ חֵי הָעוֹלָמִים:

נִרְצָה   **NIRTZA**

15   חֲסַל סִדּוּר פֶּסַח כְּהִלְכָתוֹ, כְּכָל מִשְׁפָּטוֹ
וְחֻקָּתוֹ, כַּאֲשֶׁר זָכִינוּ לְסַדֵּר אוֹתוֹ, כֵּן נִזְכֶּה
לַעֲשׂוֹתוֹ: זָךְ שׁוֹכֵן מְעוֹנָה, קוֹמֵם קְהַל עֲדַת מִי
מָנָה, בְּקָרוֹב נַהֵל נִטְעֵי כַנָּה, פְּדוּיִם לְצִיּוֹן
בְּרִנָּה:

לְשָׁנָה הַבָּאָה בִּירוּשָׁלָיִם:

The blessing after drinking wine is recited.

Blessed are You, God, our Lord, King of the universe, for the vine, for the fruit of the vine, for the crops of the field, for the desirous, good, and spacious land that You favored to give as a heritage to our ancestors, that they may eat its fruits and be satisfied with its good. Have mercy, God, our Lord, on Your people Israel, on Your city Jerusalem, on Zion the resting place of Your glory, on Your altar, and on Your Temple. Build Jerusalem, the holy city, speedily in our days, and bring us up into it. Let us rejoice in its construction, eat of its fruit, and be satisfied with its good. Let us bless You for it in holiness and purity {on Sabbaths: and may it please You to strengthen us on this Sabbath day} and let us rejoice on this day of the Feast of Matzot. For You, God, are good and You benefit all, and we thank You for the land and for the fruit of the vine. Blessed are You, God, for the land and the fruit of the vine.

If one drank liquids other than wine we say this.

Blessed are You, God, our Lord, King of the universe, for the vine, for the fruit of the vine, for the crops of the field, for the desirous, good, and spacious land that You favored to give as a heritage to our ancestors, that they may eat its fruits and be satisfied.

NIRTZA - All is Accepted.

The Pesach Seder has been completed as the law commands; in accordance with all its rules and statutes; As we were found worthy to observe it, so may we be worthy in the future. Pure One, who dwells on high, Raise up [Israel], the congregation without number! Soon, may You guide the stock You have planted Redeemed, to Zion in joyous song.

Next Year in Jerusalem!

וּבְכֵן

וַיְהִי בַּחֲצִי הַלַּיְלָה:

אָז רוֹב נִסִּים
הִפְלֵאתָ בַּלַּיְלָה,

5 בְּרֹאשׁ אַשְׁמוּרוֹת
זֶה הַלַּיְלָה,

גֵּר צֶדֶק נִצַּחְתּוֹ
כְּנֶחֱלַק לוֹ לַיְלָה.

וַיְהִי בַּחֲצִי הַלַּיְלָה:

10 דַּנְתָּ מֶלֶךְ גְּרָר
בַּחֲלוֹם הַלַּיְלָה,

הִפְחַדְתָּ אֲרַמִּי
בְּאֶמֶשׁ לַיְלָה,

וַיָּשַׂר יִשְׂרָאֵל לְמַלְאָךְ
וַיּוּכַל לוֹ לַיְלָה.
15

וַיְהִי בַּחֲצִי הַלַּיְלָה:

זֶרַע בְּכוֹרֵי פַתְרוֹס
מָחַצְתָּ בַּחֲצִי הַלַּיְלָה,

חֵילָם לֹא מָצְאוּ
בְּקוּמָם בַּלַּיְלָה,
20

טִיסַת נְגִיד חֲרוֹשֶׁת
סִלִּיתָ בְּכוֹכְבֵי לַיְלָה.

וַיְהִי בַּחֲצִי הַלַּיְלָה:

Seder Hymns

The following hymn is recited on the first night:

And it came to pass at midnight!

Then most of the miracles You wondrously performed were at night. At the beginning of the watches on this night. To the righteous convert (Abraham), You granted victory when divided was the night.

And it came to pass at midnight!

You judged the king of Gerar in a dream at night. You frightened the Aramean (Laban) in the dark of night. Israel struggled with the angel and overcame him by night.

And it came to pass at midnight!

The Egyptian first-born children, You crushed by night. They could not find their wealth when they awoke at night. The forces of the prince of Charoshet (Sisra), You swept away with the stars of night.

And it came to pass at midnight!

יָעַץ מְחָרֵף לְנוֹפֵף אִוּוּי
הוֹבַשְׁתָּ פְגָרָיו בַּלַּיְלָה,

כָּרַע בֵּל וּמַצָּבוֹ
בְּאִישׁוֹן לַיְלָה,

5 לְאִישׁ חֲמוּדוֹת
נִגְלָה רָז חֲזוֹת לַיְלָה.

וַיְהִי בַּחֲצִי הַלַּיְלָה:

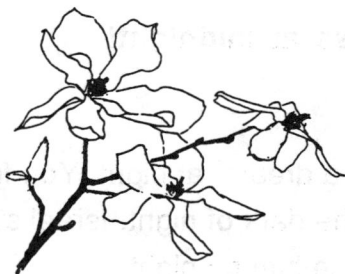

מִשְׁתַּכֵּר בִּכְלֵי קֹדֶשׁ
נֶהֱרַג בּוֹ בַּלַּיְלָה,

10 נוֹשַׁע מִבּוֹר אֲרָיוֹת
פּוֹתֵר בִּעֲתוּתֵי לַיְלָה,

שִׂנְאָה נָטַר אֲגָגִי
וְכָתַב סְפָרִים בַּלַּיְלָה.

וַיְהִי בַּחֲצִי הַלַּיְלָה:

15 עוֹרַרְתָּ נִצְחֲךָ עָלָיו
בְּנֶדֶד שְׁנַת לַיְלָה,

פּוּרָה תִדְרֹךְ
לְשׁוֹמֵר מַה מִּלַּיְלָה,

צָרַח כַּשּׁוֹמֵר וְשָׂח
20 אָתָא בֹקֶר וְגַם לַיְלָה.

וַיְהִי בַּחֲצִי הַלַּיְלָה:

The blasphemer (Sancherib) planned to raise his hand [against Jerusalem], You withered his corpses at night. Bel and its pedestal were overthrown in the darkness of night. To the beloved (Daniel), You revealed secret mysteries by night.

And it came to pass at midnight!

He who became drunk (Balshazzar) using the holy vessels was slain on that night. From the lions den was rescued he (Daniel) who interpreted the terrifying dreams of night. The Agagite (Haman) bore hatred in his heart and wrote letters at night.

And it came to pass at midnight!

You roused Your victory over him when You disturbed [Achashverosh's] sleep by night. You will tread the wine-press to help those who ask the watchman: "An end night." He will proclaim, like a watchman: "Morning will come and also the night.

And it came to pass at midnight!

קָרֵב יוֹם אֲשֶׁר הוּא
לֹא יוֹם וְלֹא לַיְלָה,

רָם הוֹדַע כִּי לְךָ הַיּוֹם
אַף לְךָ הַלַּיְלָה,

5 שׁוֹמְרִים הַפְקֵד לְעִירְךָ
כָּל הַיּוֹם וְכָל הַלַּיְלָה,

תָּאִיר כְּאוֹר יוֹם
חֶשְׁכַּת לַיְלָה.

וַיְהִי בַּחֲצִי הַלַּיְלָה:

The following hymn is recited on the second night only:

וּבְכֵן

10

וַאֲמַרְתֶּם זֶבַח פֶּסַח:

אֹמֶץ גְּבוּרוֹתֶיךָ
הִפְלֵאתָ בַּפֶּסַח,

בְּרֹאשׁ כָּל מוֹעֲדוֹת
נִשֵּׂאתָ פֶּסַח,

15

גִּלִּיתָ לָאֱזְרָחִי
חֲצוֹת לֵיל פֶּסַח.

וַאֲמַרְתֶּם זֶבַח פֶּסַח:

Bring near the day (the Messianic age) that is neither day or night. Most High! Show that Yours is the day as well as the night. Appoint watchmen to guard Your city the entire day and the entire night. Illuminate as the light of day the darkness of night.

And it came to pass at midnight!

The following hymn is recited on the second night only:

And you shall say: "This is the Pesach feast!"

The power of Your might, you wondrously displayed on Pesach.You raised above all festivals Pesach. You revealed to the Easterner (Abraham) what would happen on the midnight of Pesach.

And you shall say: "This is the Pesach feast!"

דְּלָתָיו דָּפַקְתָּ
כְּחֹם הַיּוֹם בַּפֶּסַח,

הִסְעִיד נוֹצְצִים
עֻגוֹת מַצּוֹת בַּפֶּסַח,

וְאֶל הַבָּקָר רָץ
זֵכֶר לְשׁוֹר עֵרֶךְ פֶּסַח.

וַאֲמַרְתֶּם זֶבַח פֶּסַח:

זֹעֲמוּ סְדוֹמִים
וְלֹהֲטוּ בָּאֵשׁ בַּפֶּסַח,

חֻלַּץ לוֹט מֵהֶם
וּמַצּוֹת אָפָה בְּקֵץ פֶּסַח,

טִאטֵאתָ אַדְמַת מוֹף וְנוֹף
בְּעָבְרְךָ בַּפֶּסַח.

וַאֲמַרְתֶּם זֶבַח פֶּסַח:

יָהּ, רֹאשׁ כָּל אוֹן מָחַצְתָּ
בְּלֵיל שִׁמּוּר פֶּסַח,

כַּבִּיר, עַל בֵּן בְּכוֹר
פָּסַחְתָּ בְּדַם פֶּסַח,

לְבִלְתִּי תֵּת מַשְׁחִית
לָבֹא בִּפְתָחַי בַּפֶּסַח.

וַאֲמַרְתֶּם זֶבַח פֶּסַח:

On his doors, You knocked on the heat of the day on Pesach. He served the brilliant ones (the angels) cakes of matzah on Pesach. He ran to the herd, recalling the ox prepared on Pesach.

And you shall say: "This is the Pesach feast!"

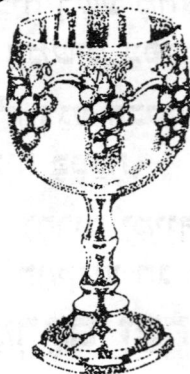

The Sodomites angered God and were consumed by fire on Pesach. Lot was saved from them; he baked matzot for Pesach. You swept clean Mof and Nof when You passed through Egypt on Pesach.

And you shall say: "This is the Pesach feast!"

God, You crushed the firstborn of On (Egypt's God) on the guarded night of Pesach. Mighty One, over Your firstborn You passed over because of the blood of the Pesach. Without allowing the destroyer to enter my doors on Pesach.

And you shall say: "This is the Pesach feast!"

מִסְגֶּרֶת, סֻגְּרָה
בְּעִתּוֹתֵי פֶּסַח,

נִשְׁמְדָה מִדְיָן בִּצְלִיל
שְׂעוֹרֵי עֹמֶר פֶּסַח,

שֹׂרְפוּ מִשְׁמַנֵּי פוּל וְלוּד
בִּיקַד יְקוֹד פֶּסַח.

וַאֲמַרְתֶּם זֶבַח פֶּסַח:

עוֹד הַיּוֹם בְּנֹב לַעֲמֹד
עַד גָּעָה עוֹנַת פֶּסַח,

פַּס יָד כָּתְבָה
לְקַעֲקֵעַ צוּל בַּפֶּסַח,

צָפֹה הַצָּפִית
עָרֹךְ הַשֻּׁלְחָן בַּפֶּסַח.

וַאֲמַרְתֶּם זֶבַח פֶּסַח:

קָהָל כִּנְּסָה הֲדַסָּה
צוֹם לְשַׁלֵּשׁ בַּפֶּסַח,

רֹאשׁ מִבֵּית רָשָׁע מָחַצְתָּ
בְּעֵץ חֲמִשִּׁים בַּפֶּסַח,

שְׁתֵּי אֵלֶּה רֶגַע תָּבִיא
לְעוּצִית בַּפֶּסַח,

תָּעֹז יָדְךָ וְתָרוּם יְמִינְךָ
כְּלֵיל הִתְקַדֵּשׁ חַג פֶּסַח.

וַאֲמַרְתֶּם זֶבַח פֶּסַח:

5

10

15

20

The besieged and beleaguered city (Jericho) trembled on Pesach. Midian was destroyed with a barley cake of the Omer of Pesach. The fat Pul and Lud (Sancherib's commanders) were burned in a blazing flame on Pesach.

And you shall say: "This is the Pesach feast!"

This very day he (Sancherib) will halt at Nob and wait until the season of Pesach. A fragment of a hand inscribed the destruction of Tzul on Pesach. They prepared the watch and set the table on Pesach.

And you shall say: "This is the Pesach feast!"

Hadassah (Esther) gathered a congregation for a three-day fast on Pesach. You crushed the man from an evil house (Haman) on a fifty- cubit gallows on Pesach. Two punishments You will suddenly bring on Utz (Rome) on Pesach. Strengthen Your hand. Raise Your right hand as on the night You sanctified the holiday of Pesach.

And you shall say: "This is the Pesach feast!"

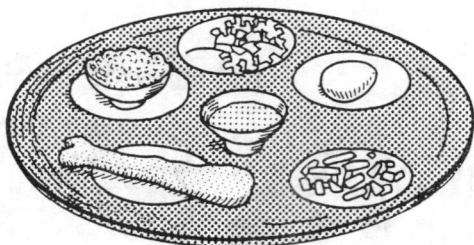

כִּי לוֹ נָאֶה, כִּי לוֹ יָאֶה:

אַדִּיר בִּמְלוּכָה, בָּחוּר כַּהֲלָכָה,
גְּדוּדָיו יֹאמְרוּ לוֹ.
לְךָ וּלְךָ, לְךָ כִּי לְךָ, לְךָ אַף לְךָ, לְךָ יְיָ הַמַּמְלָכָה,
כִּי לוֹ נָאֶה כִּי לוֹ יָאֶה:

5

דָּגוּל בִּמְלוּכָה, הָדוּר כַּהֲלָכָה,
וָתִיקָיו יֹאמְרוּ לוֹ.
לְךָ וּלְךָ, לְךָ כִּי לְךָ, לְךָ אַף לְךָ, לְךָ יְיָ הַמַּמְלָכָה,
כִּי לוֹ נָאֶה כִּי לוֹ יָאֶה:

זַכַּאי בִּמְלוּכָה, חָסִין כַּהֲלָכָה,
10
טַפְסְרָיו יֹאמְרוּ לוֹ.
לְךָ וּלְךָ, לְךָ כִּי לְךָ, לְךָ אַף לְךָ, לְךָ יְיָ הַמַּמְלָכָה,
כִּי לוֹ נָאֶה כִּי לוֹ יָאֶה:

יָחִיד בִּמְלוּכָה, כַּבִּיר כַּהֲלָכָה,
לִמּוּדָיו יֹאמְרוּ לוֹ.
15
לְךָ וּלְךָ, לְךָ כִּי לְךָ, לְךָ אַף לְךָ, לְךָ יְיָ הַמַּמְלָכָה,
כִּי לוֹ נָאֶה כִּי לוֹ יָאֶה:

מוֹשֵׁל בִּמְלוּכָה, נוֹרָא כַּהֲלָכָה,
סְבִיבָיו יֹאמְרוּ לוֹ.
לְךָ וּלְךָ, לְךָ כִּי לְךָ, לְךָ אַף לְךָ, לְךָ יְיָ הַמַּמְלָכָה,
20
כִּי לוֹ נָאֶה כִּי לוֹ יָאֶה:

To Him, praise is pleasant; to Him, praise is due;

Mighty in sovereignty, truly distinguished, His legions say to Him:

Chorus
To You and only You, To You and only for You,
To You, yes, only You To You, God, Kingship is due,

To Him, praise is pleasant; to Him, praise is due;

Distinguished in sovereignty, truly glorious,

His faithful say to Him:

Repeat Chorus

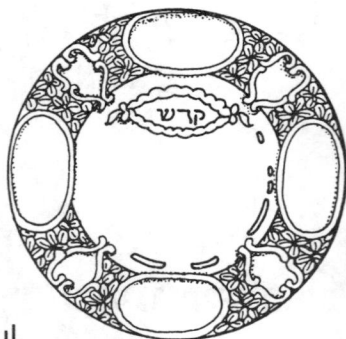

Pure in sovereignty, truly powerful,

His angels say to Him:

Repeat Chorus

Unique in sovereignty, truly powerful,

His learned ones say to Him:

Repeat Chorus

Dominant in sovereignty, truly awesome,

those around Him say to Him:

Repeat Chorus

עָנָיו בִּמְלוּכָה, פּוֹדֶה כַּהֲלָכָה,
צַדִּיקָיו יֹאמְרוּ לוֹ.
לְךָ וּלְךָ, לְךָ כִּי לְךָ, לְךָ אַף לְךָ, לְךָ יְיָ הַמַּמְלָכָה,
כִּי לוֹ נָאֶה כִּי לוֹ יָאֶה:

5 קָדוֹשׁ בִּמְלוּכָה, רַחוּם כַּהֲלָכָה,
שִׁנְאַנָּיו יֹאמְרוּ לוֹ.
לְךָ וּלְךָ, לְךָ כִּי לְךָ, לְךָ אַף לְךָ, לְךָ יְיָ הַמַּמְלָכָה,
כִּי לוֹ נָאֶה כִּי לוֹ יָאֶה:

תַּקִּיף בִּמְלוּכָה, תּוֹמֵךְ כַּהֲלָכָה,
10 תְּמִימָיו יֹאמְרוּ לוֹ.
לְךָ וּלְךָ, לְךָ כִּי לְךָ, לְךָ אַף לְךָ, לְךָ יְיָ הַמַּמְלָכָה,
כִּי לוֹ נָאֶה כִּי לוֹ יָאֶה:

אַדִּיר הוּא,
יִבְנֶה בֵיתוֹ בְּקָרוֹב.

בִּמְהֵרָה בִּמְהֵרָה בְּיָמֵינוּ בְּקָרוֹב.   15
אֵל בְּנֵה, אֵל בְּנֵה, בְּנֵה בֵיתְךָ בְּקָרוֹב:

בָּחוּר הוּא, גָּדוֹל הוּא,
דָּגוּל הוּא,
יִבְנֶה בֵיתוֹ בְּקָרוֹב.

בִּמְהֵרָה בִּמְהֵרָה בְּיָמֵינוּ בְּקָרוֹב.   20
אֵל בְּנֵה, אֵל בְּנֵה, בְּנֵה בֵיתְךָ בְּקָרוֹב:

Humble in sovereignty, truly redeeming,

His righteous say to Him:

(Repeat Chorus)

Holy in sovereignty, truly merciful,

His peaceful ones say to Him:

(Repeat Chorus)

Forceful in sovereignty, truly supporting,

His true ones say to Him:

(Repeat Chorus)

He is Mighty.

(Chorus)

May He build His Temple soon,

Speedily, Speedily, In our days,

Soon, O God, Build, O God, build, Build your Temple soon.

He is Chosen,

He is Great,

He is Supreme,

(Repeat Chorus)

הָדוּר הוּא, וָתִיק הוּא,
זַכַּאי הוּא, חָסִיד הוּא,
יִבְנֶה בֵיתוֹ בְּקָרוֹב.

בִּמְהֵרָה בִּמְהֵרָה בְּיָמֵינוּ בְּקָרוֹב.
אֵל בְּנֵה, אֵל בְּנֵה, בְּנֵה בֵיתְךָ בְּקָרוֹב:

5

טָהוֹר הוּא, יָחִיד הוּא,
כַּבִּיר הוּא, לָמוּד הוּא,
מֶלֶךְ הוּא, נוֹרָא הוּא,
סַגִּיב הוּא, עִזּוּז הוּא,
פּוֹדֶה הוּא, צַדִּיק הוּא,
יִבְנֶה בֵיתוֹ בְּקָרוֹב.

10

בִּמְהֵרָה בִּמְהֵרָה בְּיָמֵינוּ בְּקָרוֹב.
אֵל בְּנֵה, אֵל בְּנֵה, בְּנֵה בֵיתְךָ בְּקָרוֹב:

קָדוֹשׁ הוּא, רַחוּם הוּא,
שַׁדַּי הוּא, תַּקִּיף הוּא,
יִבְנֶה בֵיתוֹ בְּקָרוֹב.

15

בִּמְהֵרָה בִּמְהֵרָה בְּיָמֵינוּ בְּקָרוֹב.
אֵל בְּנֵה, אֵל בְּנֵה, בְּנֵה בֵיתְךָ בְּקָרוֹב:

אֶחָד מִי יוֹדֵעַ,
אֶחָד אֲנִי יוֹדֵעַ,
אֶחָד אֱלֹהֵינוּ שֶׁבַּשָּׁמַיִם וּבָאָרֶץ:

20

He is Glorious,
He is Faithful,
He is Meritorious,
He is Pious

(Repeat Chorus)

He is Pure, He is Unique,
He is Powerful, He is Learned,
He is the King, He is Awesome,
He is Sublime, He is Strong,
He is the Redeemer, He is Righteous,

(Repeat Chorus)

He is Holy,
He is Merciful,
He is Almighty,
He is Forceful,

(Repeat Chorus)

Who knows one?
I know one.
One is our God in heaven and on earth.

שְׁנַיִם מִי יוֹדֵעַ,
שְׁנַיִם אֲנִי יוֹדֵעַ,
שְׁנֵי לֻחוֹת הַבְּרִית,
אֶחָד אֱלֹהֵינוּ שֶׁבַּשָּׁמַיִם וּבָאָרֶץ:

5

שְׁלֹשָׁה מִי יוֹדֵעַ,
שְׁלֹשָׁה אֲנִי יוֹדֵעַ,
שְׁלֹשָׁה אָבוֹת,
שְׁנֵי לֻחוֹת הַבְּרִית,
אֶחָד אֱלֹהֵינוּ שֶׁבַּשָּׁמַיִם וּבָאָרֶץ:

10

אַרְבַּע מִי יוֹדֵעַ,
אַרְבַּע אֲנִי יוֹדֵעַ,
אַרְבַּע אִמָּהוֹת,
שְׁלֹשָׁה אָבוֹת, שְׁנֵי לֻחוֹת הַבְּרִית,
אֶחָד אֱלֹהֵינוּ שֶׁבַּשָּׁמַיִם וּבָאָרֶץ:

15

חֲמִשָּׁה מִי יוֹדֵעַ,
חֲמִשָּׁה אֲנִי יוֹדֵעַ,
חֲמִשָּׁה חֻמְשֵׁי תוֹרָה,
אַרְבַּע אִמָּהוֹת, שְׁלֹשָׁה אָבוֹת,
שְׁנֵי לֻחוֹת הַבְּרִית,
אֶחָד אֱלֹהֵינוּ שֶׁבַּשָּׁמַיִם וּבָאָרֶץ: 20

שִׁשָּׁה מִי יוֹדֵעַ,
שִׁשָּׁה אֲנִי יוֹדֵעַ,
שִׁשָּׁה סִדְרֵי מִשְׁנָה,
חֲמִשָּׁה חֻמְשֵׁי תוֹרָה, אַרְבַּע אִמָּהוֹת,

94

Who knows two?

I know two.

Two are the tablets of the covenant (the Ten Commandments).

One is our God in heaven and on earth.

Who knows three?

I know three.

Three are the Patriarchs (Abraham, Isaac, and Jacob). Two are the tablets of the covenant.

One is our God in heaven and on earth.

Who knows four?

I know four.

Four are the Matriarchs (Sarah, Rivkah, Rachel, and Leah). Three are the Patriarchs. Two are the tablets of the covenant.

One is our God in heaven and on earth.

Who knows five?

I know five.

Five are the books of the Torah (the five books of Moses). Four are the Matriarchs. Three are the Patriarchs. Two are the tablets of the covenant.

One is our God in heaven and on earth.

Who knows six?

I know six.

Six are the orders of the Mishnah. Five are the books of the Torah. Four are the Matriarchs. Three are the Patriarchs. Two are the tablets of the covenant.

One is our God in heaven and on earth.

שְׁלשָׁה אָבוֹת, שְׁנֵי לֻחוֹת הַבְּרִית,
אֶחָד אֱלֹהֵינוּ שֶׁבַּשָּׁמַיִם וּבָאָרֶץ:

שִׁבְעָה מִי יוֹדֵעַ,
שִׁבְעָה אֲנִי יוֹדֵעַ,
שִׁבְעָה יְמֵי שַׁבַּתָּא,
5
שִׁשָּׁה סִדְרֵי מִשְׁנָה, חֲמִשָּׁה חֻמְשֵׁי תוֹרָה,
אַרְבַּע אִמָּהוֹת, שְׁלשָׁה אָבוֹת,
שְׁנֵי לֻחוֹת הַבְּרִית,
אֶחָד אֱלֹהֵינוּ שֶׁבַּשָּׁמַיִם וּבָאָרֶץ:

10
שְׁמוֹנָה מִי יוֹדֵעַ,
שְׁמוֹנָה אֲנִי יוֹדֵעַ,
שְׁמוֹנָה יְמֵי מִילָה,
שִׁבְעָה יְמֵי שַׁבַּתָּא, שִׁשָּׁה סִדְרֵי מִשְׁנָה,
חֲמִשָּׁה חֻמְשֵׁי תוֹרָה, אַרְבַּע אִמָּהוֹת,
שְׁלשָׁה אָבוֹת, שְׁנֵי לֻחוֹת הַבְּרִית,   15
אֶחָד אֱלֹהֵינוּ שֶׁבַּשָּׁמַיִם וּבָאָרֶץ:

תִּשְׁעָה מִי יוֹדֵעַ,
תִּשְׁעָה אֲנִי יוֹדֵעַ,
תִּשְׁעָה יַרְחֵי לֵידָה,
20 שְׁמוֹנָה יְמֵי מִילָה, שִׁבְעָה יְמֵי שַׁבַּתָּא,
שִׁשָּׁה סִדְרֵי מִשְׁנָה, חֲמִשָּׁה חֻמְשֵׁי תוֹרָה,
אַרְבַּע אִמָּהוֹת, שְׁלשָׁה אָבוֹת,
שְׁנֵי לֻחוֹת הַבְּרִית,
אֶחָד אֱלֹהֵינוּ שֶׁבַּשָּׁמַיִם וּבָאָרֶץ:

Who knows seven?

I know seven.

Seven are the days of the week.

Six are the orders ofthe Mishnah. Five are the books of the
Torah. Four are the Matriarchs. Three are the Patriarchs.

Two are the tablets of the covenant.

One is our God in heaven and on earth.

Who knows eight?

I know eight.

Eight are the days of circumcision. Seven are the days o
the week. Six are the orders of the Mishnah.

Five are the books of the Torah. Four are the Matriarchs.

Three are the Patriarchs.

Two are the tablets of the covenant.

One is our God in heaven and on earth.

Who knows nine?

I know nine.

Nine are the months of pregnancy. Eight are the days of cir
cumcision. Seven are the days of the week. Six are the or
ders of the Mishnah.

Five are the books of the Torah. Four are the Matriarchs.

Three are the Patriarchs.

Two are the tablets of the covenant.

One is our God in heaven and on earth.

עֲשָׂרָה מִי יוֹדֵעַ,
עֲשָׂרָה אֲנִי יוֹדֵעַ,
עֲשָׂרָה דִבְּרַיָּא,
תִּשְׁעָה יַרְחֵי לֵידָה, שְׁמוֹנָה יְמֵי מִילָה,
5 שִׁבְעָה יְמֵי שַׁבַּתָּא, שִׁשָּׁה סִדְרֵי מִשְׁנָה,
חֲמִשָּׁה חֻמְשֵׁי תוֹרָה, אַרְבַּע אִמָּהוֹת,
שְׁלֹשָׁה אָבוֹת, שְׁנֵי לֻחוֹת הַבְּרִית,
אֶחָד אֱלֹהֵינוּ שֶׁבַּשָּׁמַיִם וּבָאָרֶץ:

אַחַד עָשָׂר מִי יוֹדֵעַ,
10 אַחַד עָשָׂר אֲנִי יוֹדֵעַ,
אַחַד עָשָׂר כּוֹכְבַיָּא,
עֲשָׂרָה דִבְּרַיָּא, תִּשְׁעָה יַרְחֵי לֵידָה,
שְׁמוֹנָה יְמֵי מִילָה, שִׁבְעָה יְמֵי שַׁבַּתָּא,
שִׁשָּׁה סִדְרֵי מִשְׁנָה, חֲמִשָּׁה חֻמְשֵׁי תוֹרָה,
15 אַרְבַּע אִמָּהוֹת, שְׁלֹשָׁה אָבוֹת,
שְׁנֵי לֻחוֹת הַבְּרִית,
אֶחָד אֱלֹהֵינוּ שֶׁבַּשָּׁמַיִם וּבָאָרֶץ:

שְׁנֵים עָשָׂר מִי יוֹדֵעַ,
שְׁנֵים עָשָׂר אֲנִי יוֹדֵעַ,
20 שְׁנֵים עָשָׂר שִׁבְטַיָּא,
אַחַד עָשָׂר כּוֹכְבַיָּא, עֲשָׂרָה דִבְּרַיָּא,
תִּשְׁעָה יַרְחֵי לֵידָה, שְׁמוֹנָה יְמֵי מִילָה,
שִׁבְעָה יְמֵי שַׁבַּתָּא, שִׁשָּׁה סִדְרֵי מִשְׁנָה,
חֲמִשָּׁה חֻמְשֵׁי תוֹרָה, אַרְבַּע אִמָּהוֹת,
שְׁלֹשָׁה אָבוֹת, שְׁנֵי לֻחוֹת הַבְּרִית,
אֶחָד אֱלֹהֵינוּ שֶׁבַּשָּׁמַיִם וּבָאָרֶץ:

Who knows ten?

I know ten.

Ten are the Ten Commandments. Nine are the months of pregnancy. Eight are the days of circumcision. Seven are the days of the week. Six are the orders of the Mishnah. Five are the books of the Torah. Four are the Matriarchs. Three are the Patriarchs. Two are the tablets of the covenant.

One is our God in heaven and on earth.

Who knows eleven.

I know eleven.

Eleven are the stars (in Joseph's dream, Genesis 37:9). Ten are the Ten Commandments. Nine are the months of pregnancy. Eight are the days of circumcision. Seven are the days of the week. Six are the orders of the Mishnah. Five are the books of the Torah. Four are the Matriarchs. Three are the Patriarchs. Two are the tablets of the covenant.

One is our God in heaven and on earth.

Who knows twelve?

I know twelve.

Twelve are the tribes (of Israel). Eleven are the stars. Ten are the Ten Commandments. Nine are the months of pregnancy. Eight are the days of circumcision. Seven are the days of the week. Six are the orders of the Mishnah. Five are the books of the Torah. Four are the Matriarchs. Three are the Patriarchs. Two are the tablets of the covenant.

One is our God in heaven and on earth.

שְׁלֹשָׁה עָשָׂר מִי יוֹדֵעַ,
שְׁלֹשָׁה עָשָׂר אֲנִי יוֹדֵעַ,
שְׁלֹשָׁה עָשָׂר מִדַּיָּא,
שְׁנֵים עָשָׂר שִׁבְטַיָּא, אַחַד עָשָׂר כּוֹכְבַיָּא,
5   עֲשָׂרָה דִבְּרַיָּא, תִּשְׁעָה יַרְחֵי לֵידָה,
שְׁמוֹנָה יְמֵי מִילָה, שִׁבְעָה יְמֵי שַׁבַּתָּא,
שִׁשָּׁה סִדְרֵי מִשְׁנָה, חֲמִשָּׁה חֻמְשֵׁי תוֹרָה,
אַרְבַּע אִמָּהוֹת, שְׁלֹשָׁה אָבוֹת,
שְׁנֵי לֻחוֹת הַבְּרִית,
10   אֶחָד אֱלֹהֵינוּ שֶׁבַּשָּׁמַיִם וּבָאָרֶץ:

חַד גַּדְיָא, חַד גַּדְיָא,

דְּזַבִּין אַבָּא בִּתְרֵי זוּזֵי,

חַד גַּדְיָא, חַד גַּדְיָא:

וְאָתָא שׁוּנְרָא, וְאָכְלָה לְגַדְיָא,
דְּזַבִּין אַבָּא בִּתְרֵי זוּזֵי,

חַד גַּדְיָא, חַד גַּדְיָא:

וְאָתָא כַלְבָּא, וְנָשַׁךְ לְשׁוּנְרָא,
דְּאָכְלָה לְגַדְיָא,
דְּזַבִּין אַבָּא בִּתְרֵי זוּזֵי,

חַד גַּדְיָא, חַד גַּדְיָא:

15

20

Who knows thirteen?

I know thirteen.

Thirteen are God's attributes (of mercy; see Exodus 34:6-7). Twelve are the tribes. Eleven are the stars. Ten are the Ten

Commandments. Nine are the months of pregnancy. Eight are the days of circumcision. Seven are the days of the week. Six are the orders of the Mishnah. Five are the books of the Torah. Four are the Matriarchs. Three are the Patriarchs. Two are the tablets of the covenant.

One is our God in heaven and on earth.

One little kid (Israel), One little kid!
Chorus
That Father (God) bought for two Zuzim (the Tablets)
One little kid, One little kid!

Then along came a cat and ate the little kid.
(Repeat Chorus)

Then along came a dog and bit the cat,
that ate the little kid.
(Repeat Chorus)

וְאָתָא חוּטְרָא, וְהִכָּה לְכַלְבָּא,
דְּנָשַׁךְ לְשׁוּנְרָא, דְּאָכְלָה לְגַדְיָא,
דְּזַבִּין אַבָּא בִּתְרֵי זוּזֵי,
חַד גַּדְיָא, חַד גַּדְיָא:

וְאָתָא נוּרָא, וְשָׂרַף לְחוּטְרָא,
דְּהִכָּה לְכַלְבָּא, דְּנָשַׁךְ לְשׁוּנְרָא,
דְּאָכְלָה לְגַדְיָא,
דְּזַבִּין אַבָּא בִּתְרֵי זוּזֵי,
חַד גַּדְיָא, חַד גַּדְיָא:

וְאָתָא מַיָּא, וְכָבָה לְנוּרָא,
דְּשָׂרַף לְחוּטְרָא, דְּהִכָּה לְכַלְבָּא,
דְּנָשַׁךְ לְשׁוּנְרָא, דְּאָכְלָה לְגַדְיָא,
דְּזַבִּין אַבָּא בִּתְרֵי זוּזֵי,
חַד גַּדְיָא, חַד גַּדְיָא:

וְאָתָא תוֹרָא, וְשָׁתָה לְמַיָּא,
דְּכָבָה לְנוּרָא, דְּשָׂרַף לְחוּטְרָא,
דְּהִכָּה לְכַלְבָּא, דְּנָשַׁךְ לְשׁוּנְרָא,
דְּאָכְלָה לְגַדְיָא,
דְּזַבִּין אַבָּא בִּתְרֵי זוּזֵי,
חַד גַּדְיָא, חַד גַּדְיָא:

וְאָתָא הַשּׁוֹחֵט, וְשָׁחַט לְתוֹרָא,
דְּשָׁתָה לְמַיָּא, דְּכָבָה לְנוּרָא,
דְּשָׂרַף לְחוּטְרָא, דְּהִכָּה לְכַלְבָּא,

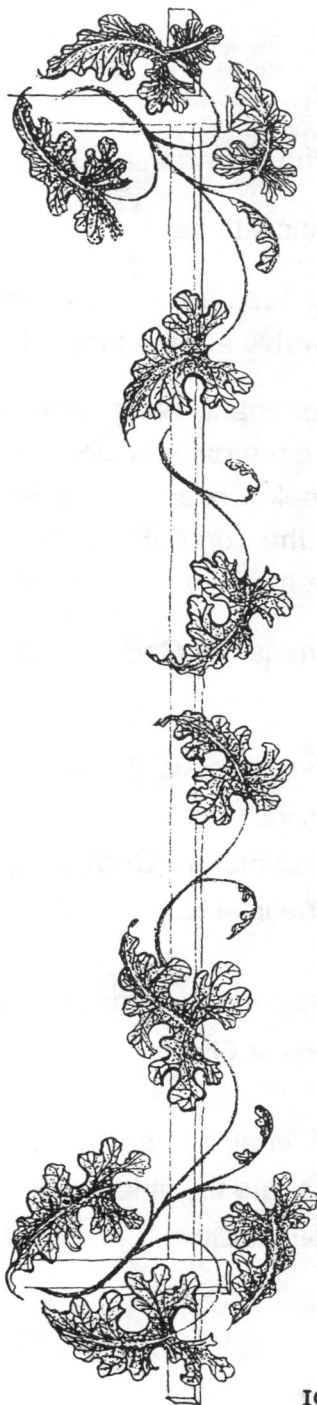

Then along came a stick and beat the dog,

that bit the cat,

that ate the little kid.

(Repeat Chorus)

Then along came a fire and burned the stick,

that beat the dog, that bit the cat,

that ate the little kid.

(Repeat Chorus)

Then along came the water and put out the fire,

that burned the stick, that beat the dog, that bit the cat,

that ate the little kid.

(Repeat Chorus)

Then along came an ox and drank the water,

that put out the fire, that burned the stick,

that beat the dog, that bit the cat, that ate the little kid.

(Repeat Chorus)

Then along came a Shochet and slaughtered the ox,

that drank the water, that put out the fire, that burned the

stick, that beat the dog,that bit the cat, that ate the little kid.

(Repeat Chorus)

דְּנָשַׁךְ לְשׁוּנְרָא, דְּאָכְלָה לְגַדְיָא,
דְּזַבִּין אַבָּא בִּתְרֵי זוּזֵי,

חַד גַּדְיָא, חַד גַּדְיָא:

וְאָתָא מַלְאַךְ הַמָּוֶת, וְשָׁחַט לְשׁוֹחֵט,
דְּשָׁחַט לְתוֹרָא, דְּשָׁתָה לְמַיָּא,
דְּכָבָה לְנוּרָא, דְּשָׂרַף לְחוּטְרָא,
דְּהִכָּה לְכַלְבָּא, דְּנָשַׁךְ לְשׁוּנְרָא,
דְּאָכְלָה לְגַדְיָא,
דְּזַבִּין אַבָּא בִּתְרֵי זוּזֵי,

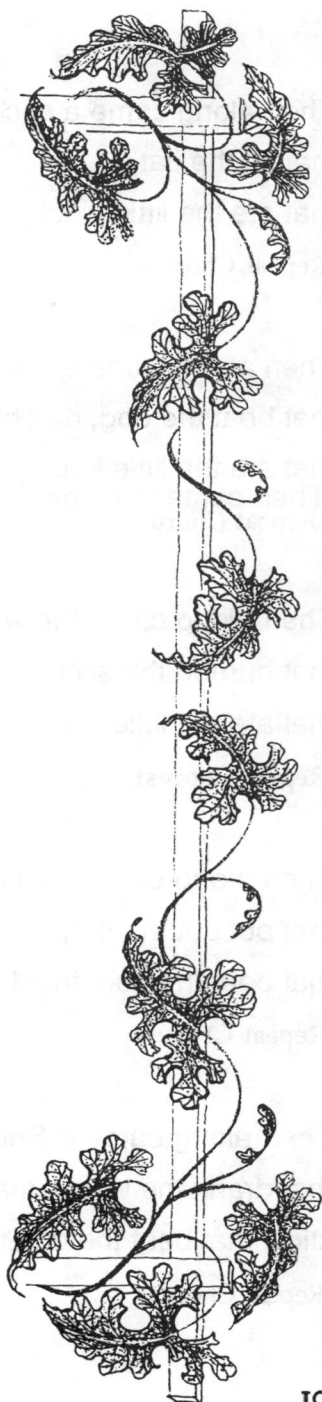

חַד גַּדְיָא, חַד גַּדְיָא:

וְאָתָא הַקָּדוֹשׁ בָּרוּךְ הוּא,
וְשָׁחַט לְמַלְאַךְ הַמָּוֶת,
דְּשָׁחַט לְשׁוֹחֵט, דְּשָׁחַט לְתוֹרָא,
דְּשָׁתָה לְמַיָּא, דְּכָבָה לְנוּרָא,
דְּשָׂרַף לְחוּטְרָא, דְּהִכָּה לְכַלְבָּא,
דְּנָשַׁךְ לְשׁוּנְרָא, דְּאָכְלָה לְגַדְיָא,
דְּזַבִּין אַבָּא בִּתְרֵי זוּזֵי,

חַד גַּדְיָא, חַד גַּדְיָא:

5

10

15

Then came the angel of death and killed the Shochet,

who slaughtered the ox, that drank the water,

that put out the fire, that burned the stick,

that beat the dog, that bit the cat, that ate the little kid.

(Repeat Chorus)

Then came the Holy One, blessed be He,

and killed the angel of death, who killed the Shochet,

who slaughtered the ox, that drank the water,

that put out the fire, that burned the stick,

that beat the dog, that bit the cat, that ate the little kid.

(Repeat Chorus)

It is the custom of many to recite the Song of Songs, a metaphor of the love relationship between God and Israel, at this time. After its conclusion, many continue studying the story of the exodus and the laws of Passover until daybreak.

JOYOUS PASSOVER